Irmtraud Tarr

Fest wie ein Stein

HERDER spektrum

Band 5185

Das Buch

Steine sind faszinierend: Sie sind uralt, kommen in vielerlei Gestalt, sie sind abgeschliffen und schmeicheln in der Hand, aber auch kantig und roh. Sie liegen als Handschmeichler in der Hand oder als Schmuckstück auf dem Schreibtisch. Sie glitzern oder zeigen ihre Schönheit erst auf den zweiten Blick. Ihr Anblick vermittelt Beständigkeit. Irmtraud Tarr ist selbst passionierte Steine-Aufheberin, sie weiß, dass Steine zu unterschiedlichen Stimmungen gehören und dass sie wie wenige Dinge authentisch sind, unkorrumpierbar. Sie symbolisieren eine Qualität, die Menschen brauchen, in einer Welt, in der nichts so beständig ist wie der Wandel. Ein Buch, das dazu inspiriert, die eigenen beständigen Qualitäten zu entdecken und authentisch zu leben.

Die Autorin

Irmtraud Tarr, Dr. phil., ist Psychotherapeutin und Musiktherapeutin in eigener Praxis in Rheinfelden. Sie ist außerdem Konzertorganistin und Autorin mehrerer erfolgreicher Bücher. Bei Herder Spektrum u. a.: Schutzengel. Boten aus dem Raum der Seele; Vom leichten Glück der einfachen Dinge; Das Leben meint es gut mit dir; Die magische Kraft der Beachtung. Sehen und gesehen werden.

Irmtraud Tarr

Fest wie ein Stein
oder sich selbst treu

HERDER

FREIBURG · BASEL · WIEN

Gedruckt auf umweltfreundlichem,
chlorfrei gebleichtem Papier

Originalausgabe

Alle Rechte vorbehalten – Printed in Germany
© Verlag Herder Freiburg im Breisgau 2002
www.herder.de
Herstellung: fgb · freiburger graphische betriebe 2002
www.fgb.de
Umschlaggestaltung und Konzeption:
R·M·E München / Roland Eschlbeck, Liana Tuchel
ISBN 3-451-05185-0

Inhalt

Vorwort

Auf meinem Schreibtisch liegt ein kleiner, schlichter, hellgrauer Stein. Ich weiß nicht, woher er kommt und auch nicht, wie alt er ist. Aber er ist mir vertraut. Er spricht zu mir. Eine lange Reise liegt hinter ihm. Einst war er flüssige Glut, geschliffen von Wind und Wasser, abgekühlt und erstarrt in der Kälte des Kosmos. Sein Innenleben ist molekulare Verdichtung und Feuerkraft. Wenn ich ihn frage, was das Leben ist, antwortet er in Bildern und Träumen – entlassen aus der Versteinerung.

Schon immer waren Steine meine Freunde. Als Kind faszinierte mich die Steinsammlung meines Vaters. Damals hatte ich einfach Spaß an den farbigen, verblüffend vielfältig geformten Steinen. Ich ließ Steine über das Wasser tanzen, zielte mit ihnen auf Bäume und war immer auf der Suche nach besonderen Steinen. Heute spüre ich mehr von der Kraft und der Würde, die in ihnen steckt. Mir wird bewusster, wie sie in der Zeit zurück und im Raum voranführen. Wo immer ich bin, hebe ich sie auf, berühre, streichle, halte sie und betrachte sie, manchmal auch unter der Lupe. Sie sind mir lieb geworden, ich lebe mit ihnen – an meinem Schreibplatz, in meinen Hosentaschen und in meiner Praxis. Ich gerate in Sorge oder Trauer, wenn mir ein Stein abhanden kommt oder wenn er zerbricht. Manche zeige ich gern vor, andere gehören nur mir. Warum sie meine stummen Begleiter geworden sind, lässt sich kaum in Worte fassen. Man muss es erfahren. Vielleicht hat es damit zu tun, dass wir die Steine so wenig verstehen. Sie verstehen sich eben von selbst, deshalb sind sie so geheimnisvoll und berührend.

Die Zeit macht Gesichter in den Steinen. Ihre Beobachtung lässt das Leben mit all seinen Höhen und Tiefen, Werden und

Vergehen, Ankommen und Weggehen, Ursprung und Vermächtnis, Vertiefungen und Krümmungen zu uns sprechen. Dieses „Stein-Leben" ist auch unser Leben.

Ich lasse die Steine direkt zu mir sprechen, höre auf sie, trete mit ihnen in Beziehung und setze mich ihrer steingewordenen Erfahrung und Weisheit aus. Ich leihe ihnen meine Stimme, um ihre Botschaften zu vernehmen, zu verstehen und weiterzugeben. Worte sind wie Steine, sie können auf der Hand liegen, uns wachrufen und daran erinnern, was wir im nüchternen Alltag vergessen haben. Am besten vertraut man sich der eigenen Berührung mit den Steinen an, ihrem Schliff und den Spuren der Elemente, denn Wissen und Weisheit liegen im Stein selbst. Die Erfahrungen, die wir machen, wenn wir einen eigenen Stein finden und in der Hand halten, können Lebenserfahrungen im doppelten Sinn sein: die sinnliche Freude an diesen alten weisen Geschöpfen der Natur und zugleich die Berührung mit einem selbst, mit der eigenen Biographie, mit eigenen Werten und Erfahrungen und mit der Frage: Woher komme ich? Wohin gehe ich? Wie komme ich zu mir?

Am besten liest sich dieses Buch, wenn man seinen eigenen Stein in der Hand hält und so selbst „begreift" und erfährt, was es heißt, begleitet zu werden von einem orientierenden und motivierenden Symbol auf den verschiedenen Stationen des persönlichen „Stein-Weges". Dieser spielerische Umgang mit dem Stein stellt eine lebendige Beziehung zu wertvollen Seiten in uns her wie beispielsweise Offenheit, Neugier und Sinnlichkeit. Der eigene Stein in der Hand inspiriert und schenkt Visionen von dem, was wir in unserem Leben verwirklichen wollen und können. Er zeigt, dass unsere Innen- und Außenseite unauflösbar zusammengehören. Durch die Berührung spürt man die Verbundenheit zwischen Erde, Natur und Menschen leibhaftig. Unsere verborgene Einheit mit allem, was uns umgibt, lässt sich so vielleicht erahnen. Ich befasse mich mit den Prinzipien, die allen Steinen innewohnen. Stein ist Feuer, Wasser, Erde, Luft, Gras, Holz. Stein ist aber auch Festigkeit, Härte, Schlichtheit, Energie und Wandel.

Steine haben eine Eigenschaft, die vielen Menschen abhanden gekommen ist. Sie bleiben da, wo sie hingehören. Sie sind treu. Sie bleiben, was sie sind, aber sie sind niemals fertig. Der Wunsch nach Freiheit und Treue zu sich selbst sind also keine Gegensätze. Der Stein zeigt uns, was es heißt, das Eigene zu erinnern, keinen Besitz zu verwalten, kein Wissen anzuhäufen. Er ist, was er ist, deswegen kann er sich dem Zuspruch des Wassers, den Stürmen des Lebens und der Kälte des Kosmos aussetzen. Verwundungen, Brüche und Zerstörung haben dichte und nackte Bilder in ihm hinterlassen. Das hat ihn fest gemacht, als würde er sagen: „Hier stehe oder liege ich. Lasst mich, so wie ich euch lasse." Deswegen erlebe ich Steine als unsere Freunde und Spiegel. Sie möchten uns helfen, unserem Wesen treu zu sein. Sie lehren uns auch, dass es Grenzen für unser Tun gibt. Festigkeit kann zur gnadenlosen Härte oder zur Starre entarten. Sie zeigen vor allem, dass es Dinge gibt, die sich nur sehr langsam und mit viel Geduld verändern lassen und dass es Veränderungen gibt, denen man widerstehen muss. Vielleicht können wir uns bei ihnen Toleranz und Weisheit holen, um mit dem, was in unserer Macht steht, behutsam und respektvoll umzugehen.

Mein persönlicher Stein, der mir als Wegweiser für dieses Buch dient, erinnert mich daran, zu schaffen, zu verwirklichen, einen Standpunkt einzunehmen, standhaft zu sein, Ideen in die Tat umzusetzen und vor allem – gelassen und geduldig zu sein. Er lässt Veränderung offen und sagt ganz schlicht: „Geh. Die Entscheidung liegt bei dir."

Den eigenen Stein finden

■ ■ ■

Wie findet man seinen eigenen Stein? Der richtige Stein wird ganz von selbst die eigene Aufmerksamkeit fesseln. Anders gesagt: Lassen Sie sich von einem Stein finden. Es muss weder ein besonders wertvoller, farbiger noch außergewöhnlicher Stein sein, sondern ein Stein, zu dem man sich besonders hingezogen fühlt. Das kann ein beliebiger Stein sein, auch ein kleiner, unscheinbarer, den Sie auf der Straße auflesen. Einfach losgehen, sich bücken am Bach, Fluss, See oder in der Steinhalde, wo sie liegen, so stumm, fest und schimmernd. Wenn man sich eine Zeit lang dem Suchen überlassen hat, spürt man von selbst, welche Steine einen ansprechen. Soll es ein flacher sein, der gut über das Wasser flitzt, ein glatter Handschmeichler oder eher ein aus Felsen gebrochener kantiger mit vielen glitzernden Einschlüssen? Man wittert, prüft, schnuppert, wägt ab, verwirft, und schließlich behält man den, der die Wärme der Hand so wohltuend annimmt und zurückgibt. Selbst in der Hosentasche spürt man, wie gut es sich anfühlt, wenn er im Handumdrehen auf die Wärme des Körpers reagiert.

Freundschaft mit dem eigenen Stein zu schließen ist ein kleines Abenteuer. Interesse und Neugier gehören dazu, denn die „Beute" bleibt ungewiss. Lassen Sie sich von Ihren natürlichen Impulsen und Eingebungen leiten. Es geht um Ihren eigenen Stein. In dieser Ungewissheit ist Intuition und Gefühl der beste Weg, um die richtige Entscheidung zu treffen. Der Stein, den Sie finden, muss sich anfühlen wie ein Freund. Betrachten Sie ihn von allen Seiten, ertasten Sie seine Struktur, sein Gewicht, seine Form, nehmen Sie seine Temperatur wahr. Sie können seinen Glanz, seinen Geruch erleben und sich daran freuen im Gefühl, dass es nun einen Begleiter gibt, der Sie so annimmt, wie Sie sind, der nichts erwartet, nichts fordert, vor dem Sie laut denken können, den Sie um Rat fragen können, der Sie daran erinnert, dass Sie nicht allein sind, der bei Ihnen bleibt – es sei denn, Sie verlassen ihn. Hier ein Beispiel einer Studentin, die ihrem Stein eine Sprache gegeben hat: „Stein, wer bist du? Ich fand dich am Wegrand. Stein, du bist mir fremd. Du hast so viele Gesichter. Was willst du mir sagen? Was möchtest du mich lehren? Ich muss mir Zeit lassen, alle meine Vorurteile abzubauen. Du bist dreckig, kalt, hart. Du lässt dich nicht zähmen. Aber du bist älter als ich und wahrscheinlich viel weiser als ich."

Freundschaft will gepflegt sein, deswegen braucht der Stein seinen eigenen Platz, so dass man ihn immer wieder finden kann. Je mehr man seinen Stein wie etwas Besonderes pflegt, desto mehr wird er sich auf einen selbst auswirken. Wenn man Dinge liebevoll behandelt, immer wieder anschaut und in die Hand nimmt, fühlt man sich auch selber anders. Die Sorge für die Dinge verändert uns in unserer Haltung zu uns selbst und dem Leben gegenüber. Wenn man den eigenen Stein besonders behandelt, wird er auch etwas Besonderes für einen selbst.

Es gibt eine Stelle in dem Buch „Zen und die Kunst, ein Motorrad zu warten", da wird erzählt, wie der Lehrer Phaidros den Studenten das Schreiben beigebracht hat. Er legt einen gewöhnlichen Stein auf das Pult und fordert sie auf, diesen Stein zu beschreiben. Es entwickelt sich eine rege Diskussion und eine kaum beschreibbare Fülle an Einfällen und Stoff. Der Stein als Bestandteil der Welt war zum Mittel geworden, diese Welt zu beschreiben, sie ein Stück weit zu begreifen, zu erklären und zu verstehen. Einen eigenen Stein zu finden, zwingt hinzusehen, was vorhanden ist, vorgefertigte Meinungen hinter sich zu lassen und sich dem hinzugeben, was Kinder so wunderbar beherrschen. Wenn man sie beobachtet, mit welcher Intensität sie beim Spielen lernen, so könnte es sein, dass wir bei diesem kleinen Abenteuer das neugierige Kind in uns wieder entdecken. Es sind die kleinen Dinge, die uns verändern. In der Suche nach einem

Stein gewinnen wir Einsicht in das Große. In einem einzelnen Stein schauen wir in einen Mikrokosmos, der uns den Makrokosmos verstehen lehrt. Wir können unseren Stein fragen: „Was willst du mir beibringen?" „Was hast du mir mitzuteilen?" Warten Sie auf die Antworten, die von innen aufsteigen. Zweifeln Sie nicht an ihrem Wahrheitsgehalt. Gedanken, Worte oder Impulse, die aufsteigen, wollen ernst genommen werden, auch wenn man sie nicht gleich versteht. Vertrauen Sie Ihren intuitiven Einsichten, auch wenn sie ganz einfach und leicht daherkommen.

Vergessen Sie nicht, Ihrem Stein zu danken. Ist es nicht ein wunderschönes Geschenk, einen Lebensfreund in Form eines Steines gefunden zu haben? Ein Freund, der weder käuflich noch beeindruckbar ist, der keine Bedingungen stellt, keine Leistungen fordert oder Druck ausübt. Jemand, der ist, was er ist. Wäre unsere Welt nicht ein freundlicherer Ort, wenn wir uns immer wieder solche Freundschaften gönnen würden? Es hat etwas Magisches, Profundes und Herzerwärmendes, wenn man sich mit großer Liebe den kleinen Dingen zuwendet.

*

Finden Sie Ihren eigenen Stein und folgen Sie dabei Ihrer Intuition. Betrachten Sie ihn als Ihren Freund und treten Sie in einen Dialog mit ihm. Welche Botschaften vermittelt er Ihnen?

Wirkkraft der Steine

■ ■ ■

Die Sprache der Steine ist das Schweigen, deswegen versteht man sie am besten, wenn man sie in aller Stille und Offenheit auf sich wirken lässt. Ihre Ruhe, Festigkeit und Aussagekraft erschließt sich am besten, wenn man ganz still wird und einfach hinhorcht. Wer sich ihrem Schweigen gegenüber öffnet, für den werden diese stummen Geschöpfe zu beredten Zeugen oder Symbolen unserer eigenen Natur.

„Die letzten Fragen lass den Steinen", so heißt es in dem Gedicht „Worte an mich selbst" von Gerd-Werner Gries.* In dieser Aussage schwingt etwas mit, das unsere Faszination für die Welt der Steine vielleicht begreifbar macht. Sie erwecken in uns eine Ahnung unser inneren Wirklichkeit und Wahrheit. Sie lassen uns nicht nur nachdenken, sondern vor allem spüren, wie komplex und differenziert unser inneres Wesen ist, das in einem langen erd- und menschengeschichtlichen Prozess entstanden ist, zu dem wir gehören und dem wir unsere Existenz verdanken. In der Schöpfung stehen die Steine vor den Pflanzen und Tieren. Unser Leben ist eine Verwandlung dieser Ursubstanz Stein. Über Steine nachzudenken, sie zu spüren, umschließt daher nicht nur den Sinn für das Leben, sondern auch für die Erde, die Menschheit und den Kosmos.

Steine liegen auf unseren täglichen Wegen und ihre Stille spricht zu uns. Wir wissen, dass sie uralte Geheimnisse hüten und auf Werte und Zusammenhänge verweisen. Es braucht viel Wachheit und Offenheit, um ihr feines, stilles Wesen überhaupt

---

* Gries, Gerd-Werner u.a., Die letzten Fragen lass den Steinen. Eschbach 1990, S. 1

wahrzunehmen. Aber Steine sind lebendige Materie. Warum sollten wir ihnen das absprechen, was wir an uns selbst wertschätzen – nämlich Lebendigkeit, Festigkeit, Differenziertheit, Verwandlung?

Steine sind viel komplexer als wir denken können, aber auch unendlich viel langsamer. Geduldig warten sie auf unsere Bereitschaft der alltäglichen Wahrnehmung. Sie brauchen uns, damit wir für sie reden. Indem wir ihnen eine Stimme geben, finden wir auch ein Stück von uns selbst. Die Afrikaner sagen: „Du findest mich, wenn du den Stein aufhebst." Was wir in den Steinen finden, ist zum größten Teil etwas, das wir auch in uns selbst tragen. Das Leben aus der Sicht des Steines zu entdecken, heißt also letztlich, das eigene Wissen, die eigene Poesie, die eigenen Klänge wieder zu finden. Poesie, Töne und Klänge haben in den Steinen Formen angenommen – eine Musik der Stille, des Wartens, die darauf angewiesen ist, Resonanz in uns zu erwecken.

*

Lassen Sie die Stille der Steine zu sich sprechen. Werden Sie selbst still und horchen Sie hin, was Ihr Stein Ihnen zu sagen hat. Wenn Sie Ihren Stein in der Hand halten, dann berühren Sie damit auch ein Stück Geschichte dieser Erde. Machen Sie sich bewusst, dass auch Sie ein Teil dieser Geschichte sind, die unendlich weit zurückgeht und unaufhörlich weitergehen wird. Wie empfinden Sie den gegenwärtigen Moment in diesem Bewusstsein?

Der Stein als Führer

Steine stehen für das Feste, das Verlässliche, auf das man bauen kann und mit dem man bauen kann. Sie vermitteln uns grundlegende Lektionen, mit denen wir sowohl leiblich als auch symbolisch erfahren, was es heißt, eine Person zu sein oder zu werden, auf die man bauen kann, auf die man sich verlassen kann, mit der man zählen kann. Der Schauspieler Jean Remo – ein Mann wie ein Monolith – sagte in einem Presseinterview: „Man muss ein Stein sein in dieser Welt, wenn man seinen Kern gut schützen will." In der Tat gibt es Menschen, die sind wie Urgestein, andere wiederum wie ein schwankendes Rohr im Wind. Gerade in einer Zeit, in der Flexibilität angesagt ist, in der fast alles austauschbar geworden ist, könnte die Antwort des Steines ein Leitbild werden: „Sei fest und verlässlich." „Sei jemand, auf den man zählen kann, mit dem man rechnen kann." Solch eine Haltung würde dazu führen, dass man das eigene Leben auch als wertvoll für das größere Ganze erlebt. Man würde sich mehr zugehörig, gemeint und angesprochen fühlen. Es handelt sich dabei um eine langfristige Tugend. Vor allem Kinder sind darauf angewiesen, dass Werte wie Verlässlichkeit, Loyalität und Verpflichtungsgefühl geschätzt und eingehalten werden. Nicht grundlos ist ihr kindlicher Protest: „Du hast aber versprochen!" Wir kommen nicht umhin zu fragen: Halte ich meine Versprechungen? Kann man sich auf mich verlassen? Gilt mein Wort? Erfülle ich meine Abmachungen? Stehe ich zu meinen Worten?

Der Stein als Führer zeigt uns, was es heißt, fest zu sein und der Fremdbestimmung, den Gegnern, Gewalten und Verführungen kraftvoll zu widerstehen. Zu dem stehen, was man ist. Zu sagen, was man meint. Zu tun, was man sagt. Da sein. Immer wieder prüfen, wofür man zuständig sein will und welche Einsicht man in die Tat umsetzt. Als materieller Untergrund der Erde ist der Stein in der Tat macht- und kraftvoll. Man braucht ihn bloß in die Hand zu nehmen, um zu spüren, wie unerbittlich und fest er ist. Er weicht nicht aus. Sein Druck hinterlässt spürbaren Eindruck.

„Du sollst hart werden, sonst verschlingt dich das Leben", sagte ein Mann am Sterbebett zu seinem Sohn. Ein Vermächtnis, über das er viel nachgedacht hat. Sollte er ein Kraftprotz werden? Hart und gefühllos? Zugang zu diesem väterlichen Erbe erhielt er, als er begriff, was es heißt, in die eigene Kraft zu kommen. Er lernte, Kraft als eine Sache der Haltung zu begreifen.

Bei Entscheidungen frage ich meine Patienten immer wieder: „Bringt es dich in die Kraft oder schwächt es dich?" Wir alle haben ein intuitives Wissen darüber, was uns stärkt oder schwächt. Wer sagt, er habe keine Kraft, sagt zugleich: „Ich bin nicht lebendig." Er scheint von etwas geschwächt zu werden.

Festigkeit erzeugt keine negative Energie oder negatives Verhalten. Sie besitzt Kraft. Zugang zur Kraft erhalten wir, wenn wir unsere vielen verschiedenen Fähigkeiten anschauen, wertschätzen, einsetzen und respektieren und uns nicht nur auf bestimmte Ausschnitte unserer Persönlichkeit einengen. Wenn wir unser ganzes Wesen zum Ausdruck bringen, bezeichnet man uns als kraftvoll. Kraftvoll sein heißt: sich zeigen und präsent sein. Menschen überzeugen durch ihre Präsenz, durch die Art und Weise, wie sie sagen: „Ich bin da." Gegenwärtig sein bedeutet, da zu sein – und zwar bei allem, was wir gerade tun. Die Ausstrahlung, Wirkung und Überzeugungskraft eines Menschen rührt ausschließlich vom Gegenwärtigsein.

Wenn wir von Gedanken, Sorgen, Grübeleien, Träumereien, Plänen oder Erinnerungen erfüllt sind, sind wir nicht gegenwärtig. Der Volksmund bringt es auf den Begriff, wenn er behauptet: „Der ist nicht ganz da." Mehr Lebendigkeit würde in unser Leben kommen, wenn wir der Botschaft des Steines folgen und uns jeden Morgen zu eigen machen: „Ich bin da." Aus dem Stein schaut dieses offenkundige Wissen des Daseins, die Antwort an Ort und Stelle, wo immer er angesprochen wird.

*

Lassen Sie die Festigkeit des Steines auf sich wirken. Fragen Sie sich selbst: Kann man auf mich zählen? Kann man sich auf mich verlassen? Versuchen Sie in diesem Moment ganz bewusst zu spüren, was es heißt: Ich bin da. Greifen Sie eine Tätigkeit auf und versuchen Sie, dabei ganz gegenwärtig und wach zu sein. Bringt es Sie in die Kraft?

Der Stein als Heiler

Jeder Stein hat eine lange Reise hinter sich. Deswegen ist er weit mehr als nur sein Material. Er erzählt eine Geschichte aus Materie und Feuerkraft, Glut und Energie. Irgendwann ist er abgebrochen vom großen Mutterfelsen, eingetaucht in den Lebensstrom, wurde geschliffen von Wasser, Wind und Wellenschlag, geschunden von Frost und Kälte. Im Lauf der Jahre ist der Stein immer wieder verwundet worden, er ist besiegt worden, heruntergerissen, beschnitten, zu Boden gefallen oder im Wasser untergegangen. Er kennt die Ebbe, den Vollmond, die untergehende Sonne, die Flut, den Frost und die klirrende Kälte. Das Wetter, die Jahreszeiten, die Flüsse und Meere haben ihn geformt, bearbeitet, markiert und verändert. Spuren in aller Form haben ihn zu dem gemacht, was er ist. Seine Würde und sein Wachstum verdankt er dem Standhalten und Aushalten seiner Verwandlungen und Verwundungen. Sein Wort heißt: „Und dennoch." Dieses Wort scheint in Kürze das zu fassen, was seinen Weg ausmacht. Was er erlitten, gab ihm Gestalt, Form, Seele und rundete ihn zur Schönheit. Man könnte sagen, er hat sich selbst von innen heraus geheilt. Deswegen ist er für uns da und kann uns Berührung und Heilung abgeben.

Auch wir durchreisen Tiefen und Höhen, Werden und Vergehen, Tragik und Komik, deren schrittweise Erkundung unser Leben ausmacht. Die Schliffe, Verwundungen und Hindernisse sind auch ein Teil unserer Wegzehrung. Wir können ihnen nicht ausweichen. Sie rütteln uns wach. Entdeckungen warten auf uns, wenn wir ihnen standhalten. Sind es nicht gerade unsere Lebenshindernisse und Verwundungen, die unsere Lebenslandschaft befruchten? Sind nicht sie es, die die persönliche Landkarte eines Menschen befruchten? Wie können wir uns aufgehoben fühlen, wenn wir nicht die Erfahrung des Fallens kennen? Wie unsere Stärke kennen lernen, wenn wir nicht die Erfahrung des Besiegtwerdens erlebt haben? Wie das Aufsteigen üben, wenn wir nicht auch das Untergehen kennen? Steine erinnern daran, dass das

Verwundetsein, das Gebrochen- und Geschlagenwerden Durchgänge sind, durch die wir hindurch müssen, um „Patina" und Form zu gewinnen. Der verwundete Arzt ist der beste Heiler. Im Annehmen des Leidens liegt unsere Stärke und Größe und die Fähigkeit, andere anzunehmen, zu tragen und zu ertragen.

Buddhistische Weisheit sagt, wenn wir unser eigenes Herz öffnen wollen, müssen wir die zehntausend Freuden und zehntausend Leiden umschließen. Freude ist also vom Leiden nicht zu trennen. Selbst die Dinge verkörpern diese Weisheit. Ist nicht die Schale, aus der wir den Tee trinken, die gleiche, die im Ofen unter größter Hitze gebrannt wurde? Das Cello, das so herrlich singen kann, das gleiche Holz, das mit Messern und Feilen bearbeitet wurde? So könnte man sagen, dass auch die Dinge uns lehren: Nur das, was uns Leiden bereitet hat, bringt uns auch Freuden. Der Stein weiß, dass es kein Leben ohne Verwundungen, Leiden oder Herausforderungen gibt.

Vor allem in den schmerzhaften Erfahrungen leuchtet das Gefügtsein des Lebens auf. Was wie Leiden oder Tragik aussieht hat und uns in Verzweiflung stürzt, kann zur Quelle von Förderung werden, aus der wir Mut und Kraft schöpfen für unser Leben. Dies anzunehmen, ist gewiss keine leichte Sache. Es geht weder um ein stoisches Ertragen noch um ein passives Erdulden, sondern darum, anzunehmen, dass unsere Verwundungen Teil des Lebens sind und dazugehören. Das eine lässt sich nicht vom anderen trennen. Unsere besten Erkenntnisse und tiefsten Begegnungen erwarten uns meist in der Tiefe der Aussichtslosigkeit. Das Scheitern, die Krankheit, die Depression, die Demütigung sind die Geschwister der Freude, der Gesundheit und des Glücks. Sie gehören zusammen, deswegen kann man sich nicht nur eines davon aussuchen. Der Stein lehrt uns: „Man muss alles nehmen." Selbst wenn wir den Sinn dessen, was uns gerade widerfährt, nicht verstehen, so leuchtet er doch oft viel später und unerwartet auf. So wie der Stein erhalten auch wir unsere besondere Prägung und unseren „Glanz" durch unsere Verwundungen und Widerfahrnisse. Wir können es spüren, wenn wir den Stein in die

Hand nehmen, wie er durch unser Spüren allmählich warm und weich wird, wie unsere Zuwendung sich in gespürte Wärme verwandelt. Der Stein wandelt sich zur Energiequelle, die aus der Tiefe kommt. Eine Kunststudentin meinte: „Der Stein ist von innen heraus schön." In ihm ist alles eingefaltet und verdichtet, was ihn gemacht hat. Das hat ihn schön und heil gemacht. Stumm zeigt er sein Einverständnis mit dem nicht mehr Änderbaren. Das ist Annahme und Heilung. Vielleicht erfährt man dabei, dass einem nichts genommen wird, ohne dass man beschenkt wird mit Neuem, von dessen Existenz und Wert man vielleicht bis dahin nicht einmal etwas ahnte. Ob wir es realisieren oder nicht, wir leben viele Leben und jedes hat seine unauslöschlichen Spuren in unserer Seele hinterlassen – unsere Lebensringe. Ich spreche dabei von den Episoden, aus denen sich unser Leben entfaltet hat: Kindheit, Jugend, Berufslaufbahn, Beziehungen, Alter. Jede Lebenserfahrung hinterlässt eine Erinnerungsschicht, ein Sediment aus Tränen und Lachen. Momente des Friedens, faszinierende Begegnungen, geliebte Dinge – sie alle haben zum Aufbau dieser Schichten beigetragen. Ihnen verdanken wir, was wir jetzt sind. Jede Wunde ist zugleich eine Gelegenheit, sich „abzuschleifen" und zu vervollkommnen. Jeder Mensch hat eine Stelle, wo er besonders verwundbar, besonders angreifbar, aber auch besonders heilbar ist. Gerade in den schmerzhaften Wunden und Brüchen, den Krankheiten und Verlusten liegen meist unerwartete Gaben und Friedensangebote, wenn man sich ihnen nicht verweigert und verhärtet. Im Einverständnis mit dem zu sein, was uns herausfordert, das könnte Frieden und Heilung freisetzen. Der Stein zeigt uns, was es heißt, darauf zu vertrauen, dass die Erde uns nährt. Was würde der Stein sagen? Heilung geschieht, wenn wir mit beiden Beinen auf der Erde stehen, um von dieser festen Grundlage aus die Arme nach dem Himmel auszustrecken.

*

Wenn Sie sich niedergeschlagen, verzweifelt oder gequält von Schmerz fühlen, nehmen Sie Ihren Stein in die Hand und den-

*ken Sie daran, dass auch er seine Form und seinen Glanz durch
seine Verwundungen erhielt. Jede Wunde ist auch gleichzeitig
eine Stelle, wo wir besonders heilbar sind. Lassen Sie die heilende Energie, die von Ihrem Stein ausgeht, auf sich wirken. Sie
sind nicht allein in Ihrem Schmerz.*

Der Stein als Verwandler

Man sagt, der Stein sei hart, kalt, starr und unerbittlich. Fragt
man ihn, so wird er eine ganz andere Geschichte erzählen. Sein
Leben ist Bewegung. Er hat nämlich im Laufe seiner Geschichte
viele Veränderungen durchgemacht, die sich aus dem Wechselspiel zwischen vitaler Kraft und Vergänglichkeit entwickelten.
Seine Form verdankt er den Spuren unaufhörlicher Bewegung.
Sein Weg hieß Verdichtung und Wandelbarkeit. In Sandsteinen,
Marmoren, aber auch in Gneisen und Graniten kann man
fließende Bewegung ablesen. Steine sind also weder statisch noch
sind sie immun gegenüber den Einfluss der Elemente. Steine sind
wandelbar, sie büßen ihre ursprüngliche Gestalt ein und bieten
immer während allmähliche Veränderung. Sie werden verwandelt und wandeln sich weiter. In Steinen wirkt jene Energie, die
Veränderungen und Leben ermöglicht. Wenn Steine gebrannt
werden, reißen sie langsam auf und beginnen zu schmelzen.
Steine können zu Flüssigkeit werden und Flüssigkeit kann zu
Stein werden. Ist das nicht ein faszinierender Ausdruck von Verwandlung? Es ist eindrücklich, dass gerade extreme Kälte und
Hitze deutlich machen, dass alles flüssig und wandelbar ist. Die
Prozesse und Kräfte, die Steine und Leben entstehen lassen, sind
auch die, die wir in unserem eigenen Leben entdecken. Wir alle
haben schon Turbulenzen erlebt, man denke nur an manche stür-
mischen Beziehungsverläufe. Vermutlich haben wir uns auch
schon gefragt, wie sie zustande kamen und wozu sie geführt haben. Es gibt sicher kaum ein Leben ohne Zerreißproben, ohne die

Erfahrung, wie man gerade durch extreme Herausforderungen buchstäblich geschmolzen wird. Man wird weicher, toleranter und geht im günstigen Fall geläutert aus ihnen hervor. Man könnte sagen, das Einzige, was Bestand hat, ist der Wandel.

Steine lassen geschehen. Sie sind empfänglich für Veränderung und verlassen sich auf Wachstum. Steine wandeln sich ständig durch den Einfluss von Feuer, Luft und Wasser.

Das Geheimnis des Wandels. Es bedeutet für mich, nicht gleich alles lösen und verstehen wollen, noch bevor wir es richtig wahrgenommen haben. Nicht alles „im Griff" haben wollen, sondern mit Ideen spielerisch umzugehen und Widersprüche gelassen zu ertragen. Wir brauchen unfertige Ideen, Zweifel, Fragen, Eingebungen und Träume – Wirklichkeiten, die bei vielen brachliegen, obwohl sie darauf warten, besät und geerntet zu werden. Es braucht nichts als die Fähigkeit, die wir als Kinder hatten: die Fähigkeit, sich ausgiebig zu wundern. Es geht um die wache Wahrnehmungsbereitschaft, ohne gleich zu bewerten oder zu urteilen, die der Stein verkörpert. Ohne diese Mitgift läuft unser Leben vielleicht sorgenlos, harmlos und rund, aber es entfalten sich keine neuen Erkenntnisse. Wenn wir noch staunen können, werden wir viele Entdeckungen machen. Es ist wie ein Erwachen. Wir hören die Musik, das Lachen auf unerhörte Weise, sehen Gesichter wie neu, und entdecken frisch, was wir bereits haben – unseren Körper. Wer sich wundern und staunen kann, hat den wichtigsten Schritt schon getan: Er ist empfänglich für die Winke, Zeichen und Wegweiser, die das Leben uns zuspielt. Er sieht das erste Gänseblümchen, riecht den taufrischen Morgen und genießt den Duft im Nacken eines geliebten Menschen.

*

Drehen und wenden Sie Ihren Stein in der Hand. Lassen sie seine verschiedenen „Gesichter" auf sich wirken. Wenn Sie sich blockiert oder festgefahren fühlen, ändern Sie die Position des Steines in der Hand und lassen Sie sich inspirieren: Was könnte ich in meinem Leben verändern, dass es wieder in Fluss kommt?

Botschaften des Steins

■ ■ ■

Steine sprechen zu uns. Sie sind lebendiger als wir ahnen. Selbst das Wort „Stein" zeugt davon. Es kommt nämlich vom indogermanischen „*stai*", wo es „sich verdichten" oder „fest werden" bedeutet. Der Vorgang des Verdichtens und Festwerdens gehört zum Kreislauf der Steine. Sie erstarren, verwittern und verwandeln sich unaufhörlich. Steine sind also ein fester natürlicher Bestandteil der starren Erdkruste und setzen sich aus Mineralien zusammen. Edelsteine sind gewöhnlich Mineralien, die sich durch besondere Eigenschaften wie Festigkeit, Härte, Farbe und Ästhetik auszeichnen. Wer sie verstehen und lesen kann, erhält Zugang zu längst vergangenen Epochen auf der gesamten Steinkugel Erde. Steine sind Zeugen einer Geschichte, in die kein menschliches Gedächtnis zurückreicht, als hätte die Erde sich ihr eigenes Stammbuch geschrieben. Es gibt erhaltene Fingerabdrücke – Fossilien, abgestorbene Pflanzen oder Tiere, die sich im bergenden Material des Steines eingebettet haben und so vor der Zerstörung bewahrt blieben –, Archive des Lebens, mit denen die Erde von sich selbst erzählt. Vergessene Kulturen, denen die Schrift fehlte, sind bewahrt und überliefert in den Steinen.

Steine sind mehr als nur Steine. Menschen haben durch Steine einen Zugang zur steingewordenen Zeit. Vielleicht rührt die Faszination der Steine daher, dass sie uns mit unserer Vergangenheit verbinden. Interessant ist nämlich, dass es Menschen schwer fällt, Steine nur als gegenwärtige Erscheinungen zu sehen. Immer schwingt die Frage nach ihrer Geschichte und Vergangenheit mit, obwohl wir ihre Vergangenheit nicht kennen können. Woher rührt unser Bezug zur Vergangenheit? Weshalb werden wir nicht müde zu fragen: Woher komme ich? Schon kleine Kinder tragen diese Frage in ihrer Seele und entwickeln mitunter die abenteuerlichsten Phantasien dazu. Wir leben nicht nur unser Leben, sondern wir wollen es verstehen und in einem größeren Zusammenhang begreifen. Wir wollen zu unserem Leben auf Distanz gehen, es aus einem Abstand nochmals betrachten. Darum gehört der Stein zur Möglichkeit des Menschen, sich selbst zu begegnen, die Zeitlosigkeit zu überschreiten und über sich hinauszufragen. Steine führen uns hinaus aus unseren kleinen Nischen, sie erinnern uns daran, dass wir in der Geschichte leben und dass die Geschichte in uns lebt. Sie geben Botschaften aus einer alten, stummen Welt und erinnern uns daran, dass wir hervorgegangen sind aus dieser Welt und am Ende selbst zu den Steinen der Welt gehören werden. Vielleicht wird unser Leben und das Wissen um die Vergänglichkeit erträglicher, wenn wir uns an etwas halten können, was unser Leben überdauert und haltbar ist. Dass Steine uns zeitüberlegen sind, zeigt sich auch an den herausragenden Säulen, Türmen und Tempeln aus Stein. Selbst unsere modernen Wolkenkratzer in den Metropolen veranschaulichen etwas von dieser Sehnsucht nach dem Überdauernden und der Überwindung der Wunde „Vergänglichkeit". Womöglich hält der Stein uns einen Spiegel vor, ein Gegenstück zur Bewegungshektik unserer Zeit. Eine alternative Lebensform, die uns vom Bewegungsrausch erlösen und einen Vorgeschmack von Ewigkeit vermitteln würde.

*

Wenn Sie sich angespannt, gehetzt oder getrieben fühlen, nehmen Sie Ihren Stein in die Hand und lassen Sie sich etwas von seiner Ruhe anstecken. Konzentrieren Sie sich auf die kühle, wohltuende Festigkeit, die von Ihrem Stein ausgeht und atmen Sie seine tiefe Ruhe ein, so lange, bis Ihr Körper sich angenehm entspannt und zur Ruhe kommt.

Erdung

Oft vergessen wir, dass Steine die Grundlage unseres Lebens sind. Alles Stoffliche war zunächst einmal Stein. Am Anfang war der Stein, und dann kam der Mensch. Wo auch immer wir gehen und stehen, unser Weg ist ein steiniger. Im gefliesten Bad stehen wir auf Feldspat und Tonmineralien, der betonierte Garagenboden, auf dem das Auto steht, besteht aus gegossenem Stein, der Wasserhahn aus umgewandeltem Erz und unsere Computerchips verdanken wir den Siliziumkristallen. In der Tat braucht man Wachheit und Interesse, um das vielfältige Wesen der Steine überhaupt wahrzunehmen, weil sie uns so schweigsam und selbstverständlich umgeben.

Steine sind der Boden, auf dem wir stehen. Sie halten still, halten fest und geben uns Halt. Sie sind so selbstverständlich für uns da, dass wir ihnen kaum mehr Aufmerksamkeit schenken. Der Mineraloge Maximilian Glas behauptet sogar, dass die Menschen den Stein zum Tode verurteilt haben. Warum verbinden wir mit Steinen oft nur eine kalte, schwere, graue Materie?

Der Stein möchte uns zu einer Haltung hinführen, die uns mit der Erde als Einheit verbindet. Er will uns erden. Wer geerdet ist, fühlt sich wach, offen und bewusst. Geerdet zu sein bedeutet, sich seines Körpers bewusst zu sein und zu wissen, wie man sich fühlt, während man den alltäglichen Verrichtungen nachgeht. Wenn wir nur von einer Sache zur nächsten eilen, uns über Kommendes Gedanken machen oder über Vergangenes grübeln, dann kann es leicht dazu führen, dass wir zerstreut, nicht ganz da oder ungeerdet sind. Wir verlegen Dinge; vergessen, was wir eigentlich wollten; suchen ständig irgend etwas, nur weil wir das Wichtigste verloren haben – unseren Kontakt zur Erde.

Wenn man sich auf eine Wiese oder einen Waldboden legt und realisiert, wo man gerade liegt, wird man feststellen, dass man von der Erde getragen wird. Vielleicht merkt man einen leichten Widerstand, ein Gefühl, dass man sich nicht ganz fallen lassen kann. Spürt man diesem Gefühl nach, so wird man vielleicht entdecken, dass man sich auch sonst in seinem Leben nicht ganz fallen lassen kann. Man realisiert vielleicht, dass das Vertrauen zu einem selbst und den anderen nicht ungehindert fließen kann. Wenn man lernt damit zu sein, ohne etwas ändern zu wollen, einfach nur hinspürt, wird man über den Kontakt mit dem Boden erfahren, dass es sich mit der Zeit auflöst. Man wird frei, sich tragen und halten zu lassen.

Der Stein in unseren Händen soll daran erinnern, dass wir uns der Erde direkt unter uns immer wieder zuwenden. Selbst in einem der oberen Stockwerke eines Mehrfamilienhauses kann man sein Bewusstsein so weit nach unten ausdehnen, dass es die verschiedenen Schichten durchdringt und bis zur Erde reicht. Vielleicht spürt man, wie die Energien der Erde von unten her in den Körper aufsteigen und uns mit größerer Festigkeit und Gegenwärtigkeit erfüllen. Der Stein kann ein Erinnerungshelfer sein, der immer wieder ruft: „Was du brauchst, liegt direkt unter deinen Füßen." Der Stein, auf dem wir stehen, gehen, ruhen, lieben und atmen, ist die Heimat, auf der alles beginnt und alles endet. Sobald wir mit ihr verbunden sind, begegnen wir uns selbst, wie wir wirklich sind, wo wir im Moment stehen. Wir halten die Welt einen Moment lang an und finden die Energie, die in die Tiefe reicht. Erde zu fühlen, heißt das Tor zur Tiefe öffnen, dort wo auch Frieden und Verbundensein zu Hause sind. Alle Wege führen letztlich zu unserem Urgrund, wo alles hergekommen ist. Diese Einsicht kann uns mit dem, was wirklich in uns ist, in Kontakt bringen: Mit dem, was wir gerade sind.

*

Lassen Sie sich von Ihrem Stein daran erinnern, in guten Bodenkontakt zu kommen. Oft genügt eine Entspannung der Beinmuskeln, und wir spüren mit Erleichterung, dass wir uns gar nicht anstrengen müssen, sondern uns getrost „Mutter Erde" überlassen dürfen.

Schlichtheit

Wenn wir Steine betrachten, wird unser Blick auf eine Tugend gelenkt, die vielleicht als die leichteste gilt, die aber gleichzeitig auch die seltenste und die durchsichtigste ist: Schlichtheit. Bedenkt man, welch reiches und erfülltes Leben aus einem Stein spricht, wie viele unzählige Reisen und Entwicklungsstationen er hinter sich hat, welch unterschiedliche Zeiten, unterschiedliche Bedingungen und unterschiedliche Orte er kennen lernte. Dennoch ist er ganz einfach, schlicht und voller Würde. Sein Wesen ist anders als unseres. Es vollzieht sich schweigsam und ohne großes Aufheben in Jahrmillionen. Es ist nichts anderes als Stein. Steine kennen keine Ungeduld, keinen Stolz, keine Aufgeblasenheit. Sie sind unendlich langsam. Sie entsprechen sich selbst und sind genau das, was sie sind, ohne die Möglichkeit eines Irrtums, ohne Doppeldeutigkeit, Widersprüchlichkeit oder Überheblichkeit, ohne Wenn und Aber. Schlichtheit des Daseins ohne Zusätze, könnte man es nennen. Ein Leben ohne Sensationen, Geschichten oder Lügen, ohne Über- oder Untertreibungen, ohne große Gesten oder Anstrengungen. Dennoch wird man einen Stein nie erschöpfend beschreiben und erklären können. Er ist viel komplexer als wir begreifen können, sein Leben vollzieht sich ganz still und sehr langsam.

Einfachheit und Komplexität sind keine Gegensätze. Das lehrt uns der Stein. Einfachheit heißt, offen sein für das Wirkliche. Annehmen was ist und was kommt, nichts festhalten oder behalten wollen. Einfach sein heißt, sich freimachen von Verblendungen, von Kompliziertheiten, Aufgeblasenheiten und Umständlichkeiten. Die Nacktheit des Steines spricht von dieser Einfachheit, die etwas Friedliches, Sanftmütiges und Wahrhaftiges hat. Wenn man einen Stein länger ansieht, spürt man diese Einfachheit, die in sich ruht. Kraft, Ruhe und Frieden gehen von ihr aus. Einfachheit, die uns der Stein lehrt, könnte heißen, sich nicht verstellen, sich nicht im Weg stehen, sich nicht verstecken. Einfachheit in diesem Sinn wäre Freiheit, Leichtigkeit, Unbefangenheit und Offenheit.

Einfachheit ist lernbar. Es gilt, die Erlebniskraft des Kindes in sich zu bewahren und die Erfahrung eines Erwachsenen hinzuzugewinnen, so dass man immer feinfühliger, empfänglicher und wesentlicher wird. Dazu gehört die Bereitschaft, das umzusetzen, was der Stein uns vorlebt: Friede statt Angst. Leichtigkeit statt Schwere. Offenheit statt Kalkül. Spontaneität statt Selbsterforschung. Der Stein nimmt sich weder ernst noch tragisch. Er macht seinen Weg, langsam, friedlich, ohne Ziel, ohne Hast und ohne Sorgen. Er sucht nichts, weil alles da ist. Er muss nichts beweisen, weil er nicht scheinen will.

Hat nicht jeder schon einmal überlegt, wie er sein Leben vereinfachen könnte? Unser Leben ist so kompliziert geworden, dass auch wir immer komplizierter werden. Wozu diese Abhängigkeit von so vielem, dass man es nicht mehr genießen kann? Warum über den Regen von morgen nachdenken statt über den heutigen Sonnenschein? Was heißt aber nun einfach leben? Es beginnt mit dem Abschied vom Glauben an den Vergleich mit anderen. Es bedeutet auch, die Perfektion und den Superlativ nicht mehr als erstrebenswertes Ziel anzusehen. Das macht natürlich misstrauisch. Soll man sich nun von allem trennen, was man so strebsam aufgebaut hat?

Wichtiger erscheint mir, dass Einfachheit immer einhergeht mit Authentizität. Das heißt, man muss identisch sein mit dem, was man tut, wie man es tut und warum man es tut. Was nützt Dankbarkeit, wenn sie nur gespielt ist? Bescheidenheit, wenn sie nicht mit Einfachheit einhergeht? Einfachheit ist mit Wahrheit verwandt. Ihr eigener Charme verzeiht sogar unsere Schwächen und Fehler. Der Stein, der vor uns liegt, beobachtet uns mit seinen ruhigen, klaren Augen und fragt: Was ist einfacher als die Einfachheit?

*

Gönnen Sie sich heute eine Zeitspanne, in der Sie wie ein Stein sein dürfen. Einfach sein.

Eigenheit

Jeder Stein ist anders als der nächste, er spricht für sich. An jedem Ort der Welt kann ein Stein völlig unterschiedlich ausgeprägt sein. Es gibt so viele Erscheinungsformen wie es Steine gibt. Jeder ist auf seine Art vollkommen, sich selbst gleich und erfüllt von dem, was er ist. Dennoch gibt es etwas, das sie alle verbindet.

Die Frage nach der Besonderheit jedes Steines kann auch zur Begegnung mit der eigenen führen. Wie erkenne ich meine Eigenheit? Meine Besonderheit? Meine Lebendigkeit? Und: Wie erkenne ich das, was mich verbindet? Was mich zugehörig macht?

Eines leben uns die Steine vor: Eigensinn beruht nicht auf Selbstüberheblichkeit oder Größenwahn, sondern auf der Bereitschaft, einen Standpunkt zu beziehen, also auf Selbstbewusstsein. Eine ältere Dame drückte es so aus: „Wenn man mich besucht, dann nicht wegen meines Geldes, meines Geschmacks, sondern weil man mich meint." Das ist eine vielsagende Variante von Eigensinn. Sie bezeichnet den Mut, der sich nicht scheut, zu dem zu stehen, wer und wie man ist.

Wie kommt man auf diesen Weg? Zunächst einmal, indem man versucht, nichts anderes zu sein als das, was man selbst ist. Vor allem nicht versuchen, wie irgend jemand anders zu sein. Es braucht die verschiedensten Menschen, jeder mit seiner besonderen Gabe, Rolle und Eigenheit. Eigenheit entfaltet sich, wenn man der eigenen Stimme der Sehnsucht folgt. Die Sehnsucht scheint mir ein wichtiger Wegweiser auf dem Weg zum Eigensinn zu sein. Wenn wir ihr folgen, werden wir mutiger und großherziger. Sehnsucht führt aus der Enge in die Weitung. Wir erfahren, was es heißt, lebendig zu sein, zu leben statt gelebt zu werden. Eigensinn kennt keine Sicherheit, kein dumpfes Ertragen oder Erdulden, sondern ein leidenschaftliches Wollen, unter all dem, was möglich ist, das Eigene zu wählen, sich dorthin zu sehnen, wo man sein könnte, und sich nach dem zu sehnen, was und wie man ist.

Zu werden, wer man ist, ist gewiss nicht einfach, aber eine Ausrichtung oder ein anzustrebendes Ziel. Erfahrungen machen, selbst denken und sich überraschen lassen von dem, was einem dabei widerfährt, das sind die Zauberworte, die unsere mühsamen Lebenspfade in Königswege verwandeln. Gehen und sich wandeln lassen – wie der Stein. Das bedeutet auch, nichts von anderen erwarten, was man selbst finden kann. Selbst stehen, gehen und anwesend sein. Den eigenen Augen, Ohren und Händen trauen. Das eigene Herz öffnen.

Der Stein erinnert daran, unseren eigenen Weg zu gehen, unserem eigenen Urteil zu trauen. Ein schönes Beispiel lieferte mir eine ältere Dame, die sich für einen Spanischkurs anmeldete. Man riet ihr ab. Sie ließ sich nicht beirren, sondern meinte nur: „Wenn die Zeit gekommen ist, werde ich selbst beurteilen, ob es für mich Sinn gemacht hat."

Wie beim Stein gibt es auch Verbindendes. Auch wir sind durch uralte menschliche Erfahrung geprägt. Wir alle fließen in einem breiten Strom an gemachter Erfahrung und geistiger Geschichte. Deswegen hat Erfahrung immer zwei Seiten: unsere eigene und die Erfahrung der Menschheitsgeschichte. Wir werden immer zwischen beiden hin- und herpendeln, einmal der einen, einmal der anderen mehr vertrauend. Es gilt, in beide Richtungen zu lauschen: zurück in die Vergangenheit, aus der wir kommen, die uns geprägt hat, und in das eigene Herz. Das braucht Mut, denn wir gehen auf einem Weg, den uns niemand vorzeichnen kann, und auf ein Ziel zu, das wir mehr ahnen als wissen. Wir können niemandem erklären, was uns dazu bewegt. Aber wir können entscheiden, ob wir uns den Mut nehmen lassen von den Mutlosen. Es liegt an uns, zu sagen, was unser Herz empfindet, was es gesehen und gehört hat. Wir haben die Wahl, den Weg zu gehen, den uns das eigene Herz weisen will.

Steine lassen sich nicht zähmen. Vielleicht hängt das mit ihrer Geschichte zusammen, wie sie von ihren fernen Eltern ausgesetzt wurden, abgebrochen von dem, was ihnen Halt gab, gerüttelt von Wind und Wasser und in Tälern und Mulden gelegt, wo sie auf sich selbst gestellt ihre neue Heimat fanden. Das war kein einfacher, glatter Weg. Im Gegenteil, er war schmerzhaft und erschöpfend. Dieses stiefmütterliche Ausgesetztsein war aber schließlich das, was sie frei, stark und unerschütterlich gemacht hat. Ich frage mich, wie ein Mensch voll zu sich selbst finden kann, wenn er nicht in irgendeiner Weise dieses Elternproblem und Auf-sich-selbst-Gestelltsein gelöst hat. Das Leben ist uns nicht von den Eltern gegeben, sondern durch sie. Egal wie die Beziehung zu den Eltern beschaffen war, man muss durch sie hindurch zum eigenen Lebenssinn finden, um zu dem vorzudringen, was einen selbst ausmacht. Sich selbst finden, heißt immer auch: durch die Eltern hindurchfinden und sich selbst annehmen.

*

Wenn Sie den Kontakt zu sich selbst verloren haben, unsicher sind, was zu Ihnen gehört oder was nicht, nehmen Sie Ihren Stein in die Hand und betrachten Sie ihn als Original, das Sie daran erinnert, dass auch Sie ein Original sein können, wenn Sie den Mut und die Entschlossenheit haben, Ihrem eigenen Wissen zu trauen.

Den Stein berühren

■ ■ ■

Während Sie dieses Kapitel lesen, sollte Ihr Stein vor Ihnen liegen – in Ihren Händen. Mit den eigenen Händen begreifen, mit den eigenen Augen sehen, so gewinnt man unmittelbar leibhaftiges Wissen und Erkenntnis. Den Stein berühren heißt, mit eigenen Gefühlen in Kontakt kommen. Man erfährt sich selbst. Wie halte ich den Stein? Gibt es Verspannungen in den Händen? Haben die Finger die Neigung, sich anzukrallen? Sind sie unsicher? Vielleicht wird dabei deutlich, man spürt besser, wenn man nicht gleich fest anfasst. Eine offene Hand ist „antenniger", spüriger und erlaubt ausgiebigere Eindrücke.

Rufen wir uns in Erinnerung: Berührung war das Erste, was wir beim Eintritt in diese Welt erlebten, und für viele Menschen ist die Berührung einer vertrauten Hand auch das Letzte, was ihnen bleibt, wenn sie diese Welt verlassen. Mehr als unsere Augen aktiviert die Berührung das intuitive Wissen, die innere Stimme, unser tiefstes Inneres, deswegen sagen wir auch „Ich bin berührt", wenn wir in unserer Tiefe angesprochen sind. Berührung ist eine besondere Form des Austausches. Einen Stein berühren heißt, in direktem Kontakt zu ihm treten. Das Erstaunliche an dieser Erfahrung ist, dass es einen in eine neue Ordnung der Dinge hineinzieht und neue Sichtweisen eröffnet. Was geschieht mit mir, wenn ich mich auf einen Stein einlasse? Wie empfinde ich diese andere körperliche Existenz? Ich spüre die Härte des Steins, seine Rundungen, Kanten und Ecken, die glatte oder rauhe Oberfläche, sein Gewicht, seine Temperatur. Ich setze mich dem Stein aus, lasse mich ganz auf ihn ein und lasse ihn auf mich wirken. Dabei spüre ich auch seine psychische Wirklichkeit, seinen Symbolgehalt, seine „Steinsprache", und beginne leibhaftig zu begreifen. Ein Stein ist etwas Reales, Sichtbares, Handgreifliches. Die Begegnung mit ihm soll zu realen Handlungen führen. Handlung ist sichtbarer, hörbarer und greifbarer Ausdruck meiner Ideen und Gefühle. Was gilt es, in meinem Leben umzusetzen? Was kann ich in meinem Leben konkret werden lassen? Wie kann sich mein Herz in meinem Tun ausdrücken? Wie bringe ich etwas von innen nach außen? Welche Form möchte ich meinem Leben geben?

Einen Stein zu berühren, bedeutet mit einem grundlegenden Bedürfnis in Kontakt zu kommen – mit unserem Bedürfnis nach Heimat. Wir haben vielleicht vergessen, dass die Steine Grundlage jeglichen Lebens sind. Aber wenn wir den Stein in der Hand halten, wird uns vielleicht wieder bewusst, dass alles lebendige Stoffliche einmal Stein, Gestein oder Kristall war. Die Steine sind unsere Heimat, die wir Erde nennen. Mit ihr sind wir verbunden, und sie ist ein Teil von uns. Wir leben auf ihr, und wir werden auf ihr sterben. „Denn Staub bist du, und zum Staub sollst du heimkehren", so heißt es in Genesis 3, 19. Wir gehören zum schöpferischen Kreislauf der Steinwelt. Die Indianer sprechen in diesem Zusammenhang von der Mutter Erde. Man denke an die berühmte Rede des Häuptlings Seattle an den amerikanischen Präsidenten im Jahre 1855: „Wir sind ein Teil der Erde, und sie ist ein Teil von uns … Die felsigen Höhen, die saftigen Wiesen, die Körperwärme des Ponys und des Menschen – sie alle gehören zur gleichen Familie."

Jeder Moment unseres Lebens ist mit der Erde verbunden. Sie gibt uns die Nahrung, sie schützt uns, sie versorgt uns mit Energie. Der Stein in unserer Hand erinnert daran, dass wir eine „Wiege" oder Heimat haben. Wenn wir uns auf „Mutter Erde" einlassen, spüren wir etwas von ihrer gastlichen Aufnahme. Wir sind nicht allein. Das Gefühl, eine Heimat zu haben, lässt uns frei werden, unseren Dingen nachzugehen, uns hinzugeben und konkret zu werden. Im Vertrauen auf Mutter Erde, die uns trägt und nährt, bekommen unsere Seelenstimmungen, unsere Verlassenheit, Sehnsucht, Verzweiflung, Empörung oder Begeisterung festen Boden und Halt. Wir wissen um die Vergänglichkeit und die Zerbrechlichkeit unseres Denkens, unserer Überzeugungen und Ideologien. Aber wir wissen auch, dass in diesem unaufhörlichen Kreislauf von Chaos und Ordnung, von Anfang und Ende, von Geburt und Tod alles immer wieder neu beginnt.

*

Berühren Sie Ihren Stein und nehmen Sie einmal ganz bewusst wahr, wie Sie ihn heute berühren. Spüren Sie, wie er sich erwärmt? Ihre Wärme kann die Kälte um Sie herum verwandeln. Ist das nicht ein gutes Gefühl?

Verbundenheit spüren

Vielleicht ist Ihnen diese Erfahrung vertraut. Sie haben Steine am Weg, am Strand oder in den Bergen gesammelt. Zur Erinnerung nehmen Sie die Steine mit nach Hause, um sich weiter daran zu erfreuen. Sie haben das Gefühl, als ob diese Steine ein belebendes Geheimnis für Sie enthalten. Zu Hause angelangt, will sich aber nicht die rechte Freude einstellen. Es ist, als würden die mitgebrachten Steine ihren Glanz und ihre Ausstrahlung verloren haben. Sie blicken und strahlen nicht mehr. Sie wirken fast wie tot. Wie kommt das? Es ist so ähnlich wie mit den aus den Ferien mitgebrachten Tomaten oder der Flasche Wein, die in ihrem Ursprungsland so herrlich schmeckten und zu Hause nun plötzlich so ganz anders oder fad sind. Wahrscheinlich war der Stein nur in seiner unmittelbaren Umgebung so schön, weil er eben nicht isoliert „an sich" gesehen werden kann. Wird er aus seinem Umfeld herausgenommen, so ist der Zauber dahin, weil all das, was seine Schönheit mitverursacht hat – das Spiel des Wassers, die Feuchtigkeit, die Erde, die Pflanzen –, nun fehlt. Ein Stein ist schön in seiner Umgebung, die zu ihm gehört. Man kann ihn nicht einfach entfernen und mitnehmen, ohne ihn um einen Teil seiner Persönlichkeit zu bringen. Seinen Reiz und seine Ausstrahlungskraft verdankt er nicht nur sich selbst, sondern auch dem Mitsein mit anderen. Diese anderen Elemente gehören zu ihm als Teil seiner Natur. Vielleicht gehört sogar seine ganze Lebenswelt, die man eben nicht mitnehmen kann, zu ihm. Ein Stein ist also mehr als nur ein Stein, er ist immer auch der Bach, das Meer, der Sand, die Erde, die anderen Steine und die Pflanzen. Was er ist, ist er nur in und mit seiner ihn einbindenden Mitwelt.

Niemand wird Mensch, wenn er allein ist. Was wir sind, sind wir füreinander. Unsere Menschlichkeit, Würde und Schönheit verdanken wir nicht nur uns selbst, sondern dem Mitsein mit anderen, den Begegnungen und Beziehungen, die uns formen. Durch Worte, Blicke und Berührungen. Wir sind mit unserer Mitwelt unlösbar verschmolzen; gestalten sie, werden von ihr gestaltet und gestalten uns so selbst. Wir werden nicht nur geprägt von den anderen, den Pflanzen, den Tieren, den Landschaften, den Dingen, die uns umgeben, sondern sie sind ein Teil von uns selbst. Meine Kraft und Festigkeit sind nicht nur die meinigen, in ihnen bin ich auch die Kräfte, die um mich sind. Die Steine, das Wasser, das Licht, die Blumen und Bäume, der Wind und der Regen, durch sie und mit ihnen bin ich, was ich bin. Die sensibelste Erfahrung natürlichen Miteinanderseins ist die Liebe. Auch sie ist viel umfassender als nur gegenseitige Ergänzung. Es entsteht eine Gemeinsamkeit, die mehr ist als die Summe zweier Individuen. Eine Gemeinsamkeit, durch die beide sind, was sie sind. Wird sie verloren, so geht immer auch ein Stück von einem selbst verloren. Nur im Mitsein mit anderen sind wir uns selbst.

Dennoch gelingt es Menschen immer wieder, sich „umzutopfen". Manchmal scheint es sogar, als würden sie im neuen Umfeld besser gedeihen als dort, woher sie kommen. Dies kann nur gelingen, wenn man weiß, dass man nur zu sich kommen kann, wenn man sich in seiner Mitwelt als Mitmensch erkennt. Vielleicht auf eine neue oder auf eine andere Art. Man kann sich nicht abstrahieren von dem, was einen umgibt, weil man sich dem Mitsein mit anderen verdankt. Ohne sie könnte man nicht leben. Das bedeutet auch, dass man die Lebenskraft, die man aus dem Leben der Mitwelt bezieht, ihr schuldig bleibt. Dies gilt den Menschen wie auch den Tieren und Pflanzen. Dass andere um mich herum leben können, bedeutet für mich, die Kraft, die sie mir geben, auf welche Art auch immer, zurückzugeben. Also geht mich das Gedeihen der Pflanzen, das Leben der Tiere und Steine etwas an. Ihnen bin ich Ehrfurcht schuldig, dass sie auch in Zukunft leben können.

Der Einzelne kann also nicht für sich existieren, sondern er braucht die anderen, die ihm zeigen, was zur Selbstverwirklichung nötig ist, worauf er nicht verzichten darf und worauf er verzichten muss. In seinem Denken denkt er mit anderen Menschen, die er verinnerlicht hat. In seinen schöpferischen Impulsen schwingen die der anderen mit. Bei sich sein gründet in einem Wissen um die anderen. Wer in den Gedanken, Erinnerungen, im Kopf und im Herzen von anderen gewesen ist, kann auch bei sich sein. Nicht Kontrolle, sondern Offenheit ist hier gemeint, sich von anderen für sein eigenes Leben inspirieren und weiterbringen zu lassen. So wie der Stein sich vom Tanz des Wassers, vom Spiel der Sonne gestalten lässt und so zu seiner Schönheit rundet.

*

Machen Sie eine kleine Phantasiereise. Wie könnte die Mitwelt Ihres Steines ausgesehen haben? Wo könnte er herstammen? Sind noch Spuren von Gerüchen aus seiner Heimat wahrnehmbar?

Trost finden

Womöglich ist das die wichtigste Botschaft der Steine: den Menschen mit seiner Endlichkeit, mit seiner Einsamkeit, seiner Vereinzelung und seinem Schmerz auszusöhnen. Denn die Steine leben ja immer weiter, selbst nach einer Katastrophe gelangen sie immer wieder in den unaufhörlichen Kreislauf der Steinwelt und werden erneut Kristall, Edelstein, Gebirge und Felsen. Steine leben immer wieder auf und verwandeln sich wieder in Leben – und damit in Hoffnung für uns selbst. Steine sind deshalb tröstlich, weil sie uns den Verfall vorleben und aus Niedergang und Neubeginn einen kraftvollen Kreislauf – ein Ganzes bilden.

Dieses „Immer weiter" und „Immer wieder neu" knüpft an tiefe Sehnsüchte in uns selbst an. Deswegen brauchen wir die Steine nicht nur für unser materielles Überleben, sondern vor allem auch für unser seelisches Befinden. Ohne die Anregungen oder den Trost, den die Steine uns geben, würden wir geistig und seelisch verarmen. Menschen sammeln Steine, schmücken ihre Wohnungen damit, viele Kunstwerke sind den Steinen nachgebildet, und die Bauten und Kirchen ähneln häufig den Steinbauten der Natur. All dies geschieht, weil wir ohne das Erleben der Nähe zu den Steinen zu verkümmern drohen würden. Die Steine sind in unserem Bewusstsein am Wirken, weil sie sind, was auch wir sind: Spiegel unseres organischen Charakters, Sinnbild des Lebens und Hoffnung, dass sich auch Katastrophen und Niederlagen wieder in Leben verwandeln können. Wir begreifen uns als Teil dieser Natur. Auch wir nehmen an diesem schöpferischen Prozess teil. Das spüren wir intuitiv, wenn wir einen Stein vor uns liegen haben. Auch wir hoffen, nicht vernichtet, sondern verwandelt zu werden. Unser verweslicher Körper wird vergehen, das wissen wir, aber unsere Seele wird weiter leben, mit dieser Hoffnung sterben wir.

Steine sind Spiegel unserer Empfindungen und Gefühle. Sie sind Symbole und bilden geistige Konzepte ab. Der geheimnisvolle Zusammenhang zwischen Mensch und Stein ist der einer

Verkörperung: Menschen denken in Bildern und Symbolen, Steine verkörpern sie ganz real. Unser symbolisches, metaphorisches Denken ist letztlich eine Ausdehnung unseres organischen Seins in den Bereich der Kultur. So zieht sich die abendländische Geschichte, Steine als heilig zu betrachten, von der Frühgeschichte bis in unsere Zeit. Steine gelten als Symbol der Erde, weil sie Erde sind. Wir sehen Naturkräfte am Werk, die wir auch aus uns selbst kennen. Wir sehen Grunderfahrungen des Lebens wie Harmonie, Produktivität, Festigkeit, Schönheit, Reichtum, Neuheit, aber auch Auflösung, Verfall, Scheitern in ihnen eingeschliffen. Es gibt eine tiefe Beziehung zwischen diesen natürlich gewachsenen Formen und menschlichen Hoffnungen und Bedürfnissen. Im Zentrum dieser Erfahrung steckt die Erfahrung der Verbundenheit. Es gibt viele andere Dinge, die in uns diese Verbundenheit erwecken – das Weihnachtsoratorium von Johann Sebastian Bach, das Lächeln eines Babys oder ein deftiges Sandwich. Sie alle halten uns im Leben aufrecht, als wollten sie uns Ermutigung zum Weitergehen und Weitermachen zusprechen. All diese Trostspender wandeln die kleinen und größeren Katastrophen des Lebens in ein wenig Freude und Zuversicht.

*

Sie brauchen Trost? Legen Sie Ihren Stein an die Sonne und lassen Sie ihn Wärme für Sie auftanken – für kühle Zeiten. Falls die Sonne nicht scheint – eine Heizung oder ein leicht gewärmter Ofen tun es auch.

Zur Ruhe kommen

Einen Stein berühren kann auch heißen, etwas von seiner Kraft, Ruhe und Festigkeit in sich aufzunehmen. Es gibt wunderschöne glatte Steine, die sich in die Hand so angenehm einschmiegen, dass sie den Namen Handschmeichler verdienen. Wann immer man eine Pause einlegen möchte, ein bisschen spielen will oder Entspannung sucht, nimmt man den Stein in die Hand und nimmt Kontakt mit ihm auf. Im Rhythmus des Ein- und Ausatmens wendet man sich seinem Gegenüber, dem Stein zu. Man versucht alles Ablenkende, Oberflächliche abzustreifen, um sich ganz ungeteilt dem Kontakt mit dem Stein hinzugeben. Dieses kurze Innehalten ist weit mehr als nur eine Unterbrechung. Es hilft, in sich hineinzuhorchen, sich auf sich selbst zu besinnen, sich freier zu entscheiden, wie man leben will.

Das Betasten eines Handschmeichlers kann bestimmte Sinneseindrücke auslösen, und man kann einfach neugierig sein, welche Gefühle und Empfindungen auftauchen. Wenn es gelingt, sich ganz einzulassen auf diese Erfahrung, erfährt man im Kleinen etwas, das sich auch im Großen auswirkt. Wer sich auf kleine, unspektakuläre Erfahrungen konzentrieren kann, der braucht nicht in Sorge zu sein, ob es ihm auch bei einer wichtigeren Sache möglich sein wird. Wer erst bewusst werden will, wenn es wichtig ist oder wenn es sich lohnt, darf sich nicht wundern, wenn er sich in großen Momenten unsicher oder ängstlich fühlt. Die Einstellung gegenüber kleinen und so genannten großen Dingen lässt sich durch solche bewusst gemachten Erfahrungen, die auf der Hand liegen, revidieren. In der wiedergefundenen Ruhe mit einem Stein in der Hand, fernab von den Anweisungen und aktuellen Handbüchern, entschlüsselt sich die uralte Erkenntnis eigener Erfahrung. Was man tut, ist im Augenblick das Wichtigste.

Diese Ruhe, die der Stein uns gibt, ist nicht zuletzt auch Ergebnis einer langen Reise mit unzähligen Hochs und Tiefs, Erschütterungen, Bedrohungen und Auseinandersetzungen. Sie haben den Stein geglättet, geschliffen und gerundet. Deswegen fühlt er sich weich an, tut gut und beruhigt. In Situationen, die unsere Geduld auf die Probe stellen, bei Zusammenkünften, in denen es heftig zugeht, bei Prüfungen, die uns nervös oder ängstlich werden lassen –, ein einfacher Handschmeichler kann daran erinnern: sich zur Ruhe kommen lassen. Nichts tun. Nichts stören. Aufgehoben sein.

*

Sie sind nervös oder ängstlich? Nehmen Sie Ihren Handschmeichler und spielen Sie mit ihm. Vergessen Sie für einen Moment alles Ablenkende und lassen Sie sich „schmeicheln".

Wie ein Stein sein

Als Stein wäre ich steinreich, denn ich bin alles, was ich brauche.
Als Stein würde ich steinalt werden, denn keine Krankheit der
  Welt könnte mich erschüttern.
Als Stein hätte ich bei jedem einen Stein im Brett, denn meine
  Argumente sind schlagkräftig.
Als Stein wäre ich aber auch gefährlich, wenn man mich in eine
  Steinschleuder spannt.
Als Stein wäre ich auch nackt und hilflos, wenn mich jemand
  drehen und wenden würde und ich nicht mehr im Boden ver-
  ankert wäre.
Als Stein wäre ich aber auch hart und eiskalt, und man würde
  auf Granit beißen, wenn man mir zu nahe kommt.
(Assoziationen einer 20-jährigen Frau zum Thema „Stein".)

Die leisen Werte wie Geduld, Beharrlichkeit, Treue, Stille, Frieden und Ausdauer haben heutzutage einen schweren Stand. Sie
entsprechen nicht den gesellschaftlichen Rhythmen von Effi-
zienz, Funktionalität und Aktualität. Umso wichtiger finde ich
es, dass wir uns mit Inhalten beschäftigen, die diese schon fast
ausgestorbenen Werte wieder beleben. Steine verkörpern so etwas wie ein solides Gegengewicht zu den schnellen, lauten Werten unserer Zeit. Steinweisheit im Gegensatz dazu ist vielleicht
nicht spektakulär, aber sie besitzt einen praktischen Gegen-
wartsbezug zu den Leiden, die Menschen einander und der Natur zufügen und schafft einen Weitblick, der Konsequenz genannt werden kann. Das Wissen, das aus dem Stein spricht,
könnte uns für Werte zugänglich machen, die vom Aussterben
bedroht sind. Die Steinlektionen sind konkret und auch tröst-

lich, weil sie schlicht sind und an die leisen Werte des Herzens erinnern. Festigkeit, Verlässlichkeit, Treue – diese Kategorien sind keineswegs abgegriffen und verbraucht. Sie führen hin zu dem, was Albert Schweitzer als „Ehrfurcht vor dem Leben" postulierte. Sie sind die Säulen, auf denen lebendige Begegnungen, Auseinandersetzungen und Beziehungen getragen werden und Sinn gewinnen. Festigkeit, Schlichtheit und praktische Umsetzung geben Orientierung und Stabilität. So vermitteln die Steine etwas von dem, was auch gute Eltern ausmacht. Sie schenken ihren Kindern Wurzeln und Flügel.

Wie ein Stein zu sein bedeutet für mich daher zunächst einmal, mich selbst zu einer Person zu entwickeln, die Festigkeit verwirklichen kann. Der Umgang mit Versprechen ist ein Maßstab dafür. Ein Versprechen geben heißt: „Du kannst dich darauf verlassen." Man gibt sich selbst eine Verbindlichkeit, gerade weil man weiß, dass man sich ständig verändert. Ein Versprechen geben bedeutet demnach, dass man sich an das hält, was man versprochen hat, auch im Bewusstsein, dass man sich ständig wandelt. Verbindlichkeit ist der Grundstein von Beziehungen. Ohne Verbindlichkeit kann es Kontakt oder Begegnungen geben, aber keine Beziehung.

In Wirklichkeit sind Versprechungen etwas, das man mit sich selbst eingeht und das den anderen einbezieht. Bricht man sie, ist man letztlich sich selbst gegenüber untreu. Versprechungen haben etwas mit dem Schließen von offenen „Gestalten" zu tun. Nicht eingehaltene Versprechungen verflüchtigen sich nicht einfach. Sie leben mit uns als Unvollendetes, Unabgeschlossenes. Beispiele gibt es viele. Die Einladung, die nicht eingehalten wurde. Das Buch, das nicht zurückgegeben wurde. Will man im Leben ein Gefühl des Abgerundetseins, dann führt kein Weg daran vorbei, dass man sich seinen Versprechungen stellt und das einlöst, was man versprochen hat.

Spontaneität ist ein Gesetz von Entwicklung, aber Verbindlichkeit ist ein anderes. Beides braucht es und beides hat seine Zeit. Wenn der Stein sprechen könnte, was würde er sagen?

Vielleicht so: Niemand kann uns zwingen, verbindlich zu sein. Jeder muss selbst entscheiden, ob er sich aus der Verantwortung ziehen will. Aber jedes unvollständige Erleben hat auch seinen Preis, den niemand sonst bezahlt als man selbst. Für Beziehungen, die auf Zuwendung, Sorge, Sorgfalt und praktischer Hilfeleistung gründen, scheint mir der Stein das Symbol schlechthin zu sein. Sich auf jemanden zu beziehen ist unter dieser Steinperspektive etwas eminent Konkretes – keine abgehobene Augenblickspoesie. Der Stein erinnert daran, dass Verbindlichkeit vollständig macht.

*

Wenn Sie Ihren Stein anschauen, fällt Ihnen etwas ein, das noch nicht abgeschlossen ist? Ein Brief, der geschrieben werden müsste? Ein fälliges Telefonat? Eine vergessene Rechnung? Ein ausgeliehenes Buch? Tun Sie es jetzt.

Widerstandskraft entwickeln

Der Bergkristall scheint mir besonders geeignet, als Sinnbild für Widerstandskraft oder Spannkraft zu stehen. Wie dieser Stein besitzen auch manche Menschen die erstaunliche Fähigkeit, auf Belastungen mit Stärke zu reagieren. Sie sind wie der Bergkristall, der sich der Verwitterung entgegenstellt. Selbst durch auswegslose Situationen lassen sie sich nicht entmutigen. Statt zu zerbrechen, scheinen sie sich an den Herausforderungen des Lebens regelrecht „auszukristallisieren", so dass das Bild eines schön ausgewachsenen Kristallkörpers für sie als passende Metapher erscheint. Man denke an die typische Kristallform der schlanken sechsseitigen Säulen, die an den Enden von einer sechsseitigen Pyramide begrenzt ist. Diese Klarheit der Formen ist das Gegenstück zu Verwirrung oder Verblendung. Menschen, denen es gelingt, sich wandelnden Verhältnissen und Krisen anzupassen, sehen nicht alles grau in grau oder außer Kontrolle, sondern ihnen gelingt es, selbst die größten Zumutungen als Wachstumschancen zu werten, aus denen sie geläutert, stärker und aufrechter hervorgehen. Sie suchen den Durchblick und die Klarheit, keine Beschönigungen, Bagatellisierungen oder Verleugnungen. Sie sagen: „Ich will diese Situation angehen." „Ich gehe weiter." „Ich stelle mich." „Ich nehme dieses Widerfahrnis als Gelegenheit an, um Neues zu lernen." Sie werden nicht zu Opfern ihrer Lebensumstände. Im Gegenteil, sie haben gelernt, sich zu wappnen. Die Widerstandskraft und Beharrlichkeit, die wir an manchen Menschen bewundern, hat mitunter erstaunliche Auswirkungen. Da war in einer Zeitungsnotiz zu lesen, dass ein älterer Mann aus Ventimiglia in Italien nach 15 Jahren endlich die Führerscheinprüfung bestanden hat, nachdem er zuvor rund sechzig Mal durchgefallen war. Ein leuchtendes Beispiel für unbeirrbare Entschlossenheit und Resistenz!

Ein wesentliches Merkmal des Bergkristalls sind seine klaren Formen. Die Säulen, die harten Kanten, die Ecken und Winkel können als Sinnbild für die Welt der Ordnung und der Standfestigkeit stehen. Manchmal ist es schwierig, einen vertretbaren Standpunkt für sich zu finden. Es geht um ein ausgewogenes Kräfteverhältnis zwischen Gefühl, Körper, Selbstdarstellung und Vernunft. Einen Standpunkt automatisch, mechanisch oder starr einzunehmen, ist eine Reduktion. Sein Fähnchen in den Wind hängen, führt zur Konturlosigkeit und zum Durcheinander. Wo liegen die Grenzen? Sie haben damit zu tun, ob es ein verantwortungsvolles Handeln gibt, das aus der Einsicht in die eigene Fehlbarkeit vertreten werden kann. Das heißt, man muss beharrlich einen Standpunkt beziehen und ihn als eigenen Beitrag anbieten, selbst auf das Risiko hin, dass er vielleicht als eigensinnig oder schrullig erscheint. Aber es braucht auch die Elastizität, mit der man seine Überzeugungen entschlossen aufgibt, wenn sie sich nicht mehr als haltbar erweisen. Es ist eine Entscheidung von Situation zu Situation, von Fall zu Fall. Auf den richtigen Zeitpunkt kommt es an. Probleme entstehen, wenn man Standpunkte einnimmt und zu lange oder nicht lange genug bei ihnen verbleibt.

Das Beste, was man tun kann, um etwas von der Ruhe eines Bergkristalls zu gewinnen, ist, seine Standpunkte als das, was sie sind, zu tragen – als standhaltende Punkte, auf denen oder zu denen ich gerade stehe. Ein Standpunkt darf nicht steinhart sein, denn so findet er keine offenen Ohren. Standpunkte wollen wie schöne, farbige Steine daherkommen, manchmal auch solide und kraftvoll oder zugespitzt und kantig. Standfestigkeit ist also nicht zu verwechseln mit starrem Denken oder blauäugigem Optimismus. Menschen mit Standpunkten sind alles andere als starr oder naiv. Sie stehen fest auf ihren Füßen, sie nehmen die eigenen Kräfte wahr und sind aber auch bereit, einen Standpunkt wieder aufzuheben. Sie fragen sich: Wie kann ich mich vertreten, ohne der Rechthaberei zu erliegen? Wo liegt meine Grenze zwischen Großzügigkeit und Beliebigkeit? Wo muss ich beharrlich sein? Wo will ich mich festlegen? Wann ist es Zeit, von einem Standpunkt wegzukommen? Oder ihn in neuer Form wieder darzulegen? Vielleicht sollte man hin und wieder in die Ruhe eines Bergkristalls eintauchen, um aus dieser Stille heraus den richtigen Zeitpunkt zu bestimmen.

*

Was bedeutet Ihnen das Leuchten eines Bergkristalls? Gehen Sie ans Licht, dort funkeln auch Ihre Kristalle.

Veränderungen annehmen

Jeder Stein ist eine Ganzheit, die den Stempel und die Signatur des Universums trägt. Besonders der Kieselstein zeigt eindrücklich, was es heißt, das Leben anzunehmen, wie es ist. Er hat alles angenommen, sich mit allem abgefunden und ist dabei ganz glatt und rund geworden. Wasser, Wind und Wellenschlag haben ihn geformt und zu dem gemacht, was er ist. Aber er ist nicht untätig gewesen, auch er hat die Kieselsteine neben sich geschliffen und geformt. Annehmen, was ist, bedeutet also nicht, sich zum Opfer zu machen und nichts zu tun, sondern Wahrnehmung und Hinnahme des Lebens einschließlich der Tatsache seines ständigen Wandels. Was ein Stein erlitten hat, ließ ihn fest werden. Nicht die großen Erschütterungen, sondern eher die kleinen, sich ständig wiederholenden Bewegungen und Reibungen haben ihn geformt, und er hat sie bedingungslos angenommen.

Wir können unser eigenes Leben betrachten und die vielen sich wiederholenden alltäglichen Ereignisse und Begegnungen, die uns „abgeschliffen" und geprägt haben. Sie haben uns verwandelt, uns Gestalt, Gesicht und Gewicht gewinnen lassen. Dies anzunehmen fällt nicht immer leicht. Es gibt Menschen, die ständig das Gefühl haben, nicht genug, zuviel oder das Falsche zu bekommen. Manchmal muss man die Kontrolle aufgeben und das Ungewisse, Unverständliche oder Ungewollte kampflos hinnehmen. Oft stellt sich dabei heraus, dass gerade die Probleme oder Hindernisse, denen man sich stellt, viel aufschlussreicher und interessanter sind, als die ursprünglichen Ziele oder Pläne, die man unbedingt erreichen wollte. Momente der Enttäuschung, des Scheiterns, des Misserfolges, des Chaos können solche Ausgangspunkte sein, die unserem Leben plötzlich eine neue Wendung geben, uns zu überraschenden Erkenntnissen oder ungeahnten Reifungsprozessen führen. Dies kann nur geschehen, wenn wir unsere anfänglichen Widerstände und Abwehr überwinden und uns in das hineinbegeben, was das Leben uns im Moment vor die Füße legt. Annehmen, was ist, ist eine Erfahrung, die man kultivieren und üben kann. Sie wird uns nicht einfach geschenkt, wir müssen uns darum bemühen. Dank unserer Fähigkeit, einen offenen Blick zu behalten, sind wir in schwierigen Situationen Opfer und Täter zugleich. Ein Kieselstein, der ins Wasser geworfen wird, kann das Wasser nicht bezwingen oder beeinflussen. Auch wir können Widerfahrnisse nicht bezwingen, aber wir können den Überblick behalten und uns ihre Energien zunutze machen. Es geht nicht darum, das Schwierige zu bekämpfen, sondern darum, die potentiellen Energien aufzugreifen, anzuzapfen und als Teil der eigenen Entwicklung anzunehmen. Im Schwimmunterricht lernte ich, wenn man in einen Strudel gerät, sich nicht gegen den Sog zu wehren. Man soll seine Kräfte nicht sinnlos verbrauchen, sondern sich vom Wasser selbst nach oben bringen lassen. Das heißt, annehmen, dass das Wasser seine eigenen Gesetze hat, darauf verzichten, seinen Willen durchzusetzen, geduldig vertrauen und hoffen, dass trotz der Gefahr ein Ankommen möglich ist. Das lehrt auch die japanische Kunst des Aikido, die den Übenden beibringt, mit dem Angreifer zu verschmelzen, statt ihm direkt Widerstand zu leisten. Der Aikidomeister nutzt schon bei der einfachsten Bewegung die von seinem Gegner aufgewendete Kraft aus. Die Kraft des Angreifers sich zunutze zu machen, heißt sie anzunehmen, und ist das Gegenteil zur anstrengenden Überwindung von Kraft durch Kraft.

Annehmen ist die Bereitschaft, auch das hinzunehmen, was wir nicht mögen. Eine wichtige Lektion dafür ist der Umgang mit anderen Menschen. Sie anzunehmen wie sie sind oder eben nicht sind, ist für viele der schwierigste Teil des Annehmens. Dabei vergisst man oft, dass man eigentlich mit jedem Menschen auskommen könnte. Sieht man das nicht an sich selbst? Es braucht ein gewisses Maß an Selbstkenntnis, um zu verstehen, dass hinter all dem, was wir an anderen nicht ausstehen können, immer auch ein Anteil eigenen Nichtannehmens steckt! Was immer man an anderen Menschen nicht annehmen kann, ist in der Regel etwas, das man auch in sich selbst nicht akzeptieren will. Das wirkliche Problem sind also nicht die anderen, sondern die eigene Bereitschaft, sich selbst anzunehmen. Das heißt, wir erschaffen unser Erleben von anderen in uns selbst. Die Dinge um einen herum werden sich ändern, wenn man sich selbst als einen Teil dessen begreift, wie man andere erlebt. Annehmen ist der Schlüssel für einen selbst und die anderen. Zu verstehen, dass man selbst diesen Schlüssel besitzt und die Quelle des eigenen Erlebens ist, verändert zwar nicht die anderen, aber es macht einen Unterschied, wie wir sie erleben.

Ein Stein nimmt an, was ist. Er wurde verwandelt und wird immer weiter verwandelt. Er widersetzt sich nicht. Annehmen ist würdig, einfach und angemessen.

*

Beobachten Sie einmal, wie Sie Ihren Stein wahrnehmen: wenn Sie schlecht gelaunt sind, wenn Sie guter Dinge sind, wenn Sie wütend sind oder traurig, wenn Sie gelangweilt oder aufgeregt sind. Merken Sie, wie Sie den Stein durch Ihre Stimmung verwandeln können?

Einsichten umsetzen

Der Stein in der Hand erinnert daran, was es heißt, konkret, praktisch und stimmig zu sein. Die heilsame Wirkung des Steins besteht letztlich darin, dass er einen engen Zusammenhang stiftet zwischen Werten und Lebenspraxis.

Eine Lebenspraxis, die sich an den stabilen Werten des Steins orientiert, könnte in unsere Beziehungen Festigkeit, Unterstützung und Verlässlichkeit bringen. Nur genügt es nicht, dies zu wissen oder zu wollen. Wir müssen uns darin schulen. Davon sprach schon Johann Wolfgang von Goethe, der selbst ein Mann wie ein Fels war: „Es genügt nicht nur, zu wollen, man muss auch tun."

Wie ein Stein sein, ließe sich also im Goetheschen Sinn übersetzen: „Man muss auch tun." Nicht nur über etwas reden, sondern zur Sache kommen. Keine großen Worte, sondern schlichtes Handeln. In diesem Sinn gibt es auch keine Ratschläge oder Rezepte, die wir von anderen erwarten oder einfordern dürfen. Wir können selbst wie ein Stein werden und uns um unser eigenes Leben und die Umsetzung unserer Vorhaben kümmern. Dafür existieren keine schnellen, mühelosen Lösungen oder Abkürzungen. Vielmehr bietet sich hier das Bild der Mauer an, die Stein um Stein zusammengetragen und aufgeschichtet wird. Nicht im Schnellverfahren, sonst droht die Gefahr des Einsturzes. Die Gier nach dem schnellen Erfolg wird ruhig in diesem Frieden, der imstande ist, Schritt für Schritt zu bauen. Nicht die Höhe der Mauer ist entscheidend, sondern die Zähigkeit und Mühe, mit der man seine eigenen Kräfte in die Tat umsetzt. Es gibt nur den konkreten Weg des „Stein um Stein", des Tuns in kleinen Schritten. Kräfte messen sich einzig und allein an der täglichen Entschlossenheit, sie einzusetzen.

Steine halten uns an, unsere Aufgaben sorgfältig auszuführen, immer wieder neu an einer Arbeit zu feilen, bis die rauen Ecken und Kanten wirklich geglättet sind und die Arbeit vollständig ist. Nehmen wir einen besonders wertvollen Stein: den Diamanten. Roh aus dem Erdreich gebrochen, ist er zunächst einmal unscheinbar. Erst durch Schleifen und Polieren wird aus ihm ein funkelnder Edelstein. Es muss hart an ihm gearbeitet werden, damit er seinen echten Wert erhält. Genauso können wir an uns selbst arbeiten, nicht um uns zu quälen, sondern um aus uns etwas zu machen: erwachsene Persönlichkeiten. In Kurzform könnten die Wegweiser des Diamanten lauten: Setze in die Tat um! Schaffe! Werde konkret! Übung macht den Meister!

Begabung allein genügt nicht. Sie braucht Hand und Fuß, um sich zu manifestieren. Wer seine Kräfte erfahren will, der muss sie eben einsetzen und schulen. Sich mit dieser Disziplin zu konfrontieren, ist wesentlich, weil sie eine Entscheidung fordert. Die Entschlossenheit, eine bestimmte Position zu beziehen, sich einer bestimmten Aufgabe zu unterwerfen und nicht aufzugeben, wenn sie mühevoll wird. „Dran bleiben" oder „hart am Ball bleiben" heißt es im Volksmund, wenn von diesem langen Weg der Übung die Rede ist, selbst dann auch, wenn keine Garantie auf Erfolg winkt. Diese Botschaft, entspricht sie nicht dem Diktat des „Schneller", „Mehr"? Aber vielleicht sollten wir uns gerade deshalb darauf besinnen, um zu einem menschlichen Maß zurückzufinden. Nicht zuletzt erinnern uns die großen und kleineren Kunstwerke daran, dass es zu allen Zeiten Menschen gab, die den langen Atem und die Geduld für den langsamen, mitunter mühevollen Weg aufbrachten.

Der Stein mit seiner festen Struktur zeigt, wie wertvoll und wesentlich es ist, eine Person zu werden, die geerdet und verwurzelt ist im konkreten Tun. Wenn er reden könnte, würde er sagen: „Tu. Die Entscheidung liegt bei dir." Es genügt nicht, eine Sache zu wollen, man muss sie auch tun. Ich würde hinzufügen: Zeige mir, was und wie du etwas tust, und ich sage dir, wer du bist.

*

Halten Sie den Stein an Ihr Ohr. Horchen Sie. Wenn er reden könnte, wozu würde er Sie ermutigen? Was könnten Sie tun? Welchen Plan umsetzen? Wo zupacken? In Angriff nehmen?

Verbunden sein

Betrachtet man Steine an Flussbetten, Felsen oder Feldern, so scheint es, als hätte die Natur sie in einer launigen Stimmung dort einfach so dahingestreut. Sie liegen einfach herum, nebeneinander, übereinander, untereinander. Man könnte fast meinen, dass sie alle du zueinander sagen. Gemeinsam spielen sie ein Thema mit unendlich vielen Variationen. Ein geheimnisvolles Murmelspiel, das sie untereinander verbindet. Ein Spiel, in dem jeder seine Form hat und jeder auf den anderen bezogen ist.

Dieses Murmelspiel der Natur scheint mir eine wertvolle Metapher dafür zu sein, dass auch wir miteinander verbundene Wesen sind. Das bedeutet allerdings Infragestellung einer modernen Illusion – der Illusion von Autonomie und Selbstherrlichkeit. Der Gedanke, dass wir aufeinander angewiesen sind, steht nicht im Gegensatz zum eigenständigen Leben oder zur Treue gegenüber dem eigenen Lebensentwurf. Das Gegenteil scheint der Fall zu sein. Gerade Menschen, die sich selbst vertrauen, ihren eigenen Weg wagen und nicht alles mitmachen, hängen nicht der Illusion von Individualität an, sondern sind sich des Zusammenhangs menschlicher Verhältnisse sehr bewusst und verstehen sich eingebunden in ihre Umwelt und ihre Mitmenschen. Nicht weil sich dies auszahlt oder mit Ruhm einhergeht, sondern weil es schlicht und einfach für sie zusammengehört. Paradoxerweise ist es die Selbsttreue, die Menschen Freiräume eröffnet und sie auch über den eigenen Nabel hinausschauen lässt.

Menschen sind angewiesen auf eine einbindende Kultur. Ohne den Humus nährender Beziehungen, ohne die Einbindung in die Natur und die Liebe zu den Dingen, gehen Menschen zugrunde. Das Ringen um Unabhängigkeit ist nicht nur anstrengend, es macht auch hart und entstellt, weil es ein sehr begrenztes Leben ist. Wenn es irgendeine Hoffnung gibt, die die Steine uns geben, dann liegt diese im Gefühl der Verbundenheit. So wie sie einander tragen, stützen und ergänzen, müssen wir lernen, wie man zusammenarbeitet, wie man annimmt, gibt und gemeinsam aufbaut. Die Menschen um einen herum sind der Grund dafür, dass wir uns überhaupt verändern und nicht ein Leben lang die alte Person bleiben. Wir werden andere, weil wir einander bestätigen, herausfordern, in Frage stellen, anstecken und inspirieren. Wir brauchen den anderen, um wir selbst zu sein. Die Kunst des Bezogenseins wird so zur Kunst des Gestaltens, wo sich eigene Entwürfen mit denen anderer verbinden. Das vielgestaltige Spiel der Steine gibt ein Gefühl für den Zusammenhang. Jeder von ihnen ist eine kleine Welt für sich, dennoch stützen, formen und schleifen sie einander. Das eigene Wohlergehen ist eins mit dem Wohlergehen aller. Die Erde sind wir, das vermitteln uns die Steine. Wo liegt nun der Schlüssel, der die Schubladen öffnet, die Menschen voneinander trennen? Er liegt in unserem Herzen. Wenn wir lernen, ein Herz füreinander zu haben, wird das möglich, was die Steine schon Jahrtausende stillschweigend tun: die Kräfte, die uns gehören, zusammenzubringen.

*

Spielen Sie mit Ihrem Stein.
Drehen und wenden Sie ihn.
Suchen Sie Stellen in Ihrem Körper, die schmerzen oder verspannt sind. Legen Sie den Stein dorthin.
Können Sie eine Verbindung zu ihm spüren? Können Sie sich vorstellen, dass er sie hält? Dass er Sie stützt? Dass er Sie ergänzt?

Bescheiden sein

An den Steinen kann man Geduld messen. Unerschöpflich ist der Reichtum der Steine. Dennoch stehen sie alle nackt da. Da gibt es kein Anhäufen von Besitz, Wissen oder Müll, kein Erobern, kein Überfluss, kein Imponiergehabe. Sie sind pures Sein. Stehen. Liegen. Diese Sichtbarkeiten weisen auf einen Zusammenhang hin: Schönheit liegt in der Bescheidenheit. Wer sich als Anwalt der Bescheidenheit fühlt, gilt oft als altmodisch, langweilig und rückständig. Man denke nur an die vielen Angebote, die sich um unser Äußeres, unser Auftreten, unser Image und den makellosen Lebenslauf kümmern wollen. Man muss sich verkaufen können, heißt es.

Von den Steinen könnte man lernen, dass Bescheidenheit tiefes Wissen bedeutet. Ihnen verdanken wir die Erfahrung, dass bescheidene Dinge oft viel schöner sein können als teure Luxusartikel. Ein einfacher Stein verrät oft viel mehr an Stil als die teuerste Wohnungsdekoration. Unser Verhältnis zur Bescheidenheit hat eine widersprüchliche Geschichte. Als Kinder lernten wir, dass man nicht zu dick auftragen darf, nicht angeben soll und seine Ziele nicht zu hoch anzusetzen hat, um Enttäuschungen zu vermeiden. Die Welt hat uns aber eines anderen belehrt. Was zählt, sind die großen Auftritte, die sensationellen Erfolge: Glanz, Glitzer und Glamour. Die meisten sehen ihre Namen nicht in den großen Zeitschriften, schreiben keine Bestseller und finden allenfalls einen Platz im Publikum einer Talkshow. Die Folgen bleiben nicht aus, das Selbstgefühl schrumpft, und man lernt mit der Zeit: Bescheidene Erfolge zählen nicht.

Lässt man sich von den Steinen inspirieren, gelingt vielleicht eine neue Sichtweise. Was wäre, wenn man Bescheidenheit vielmehr als zurückgehaltene, verdichtete Leidenschaft oder Begeisterung begreifen und deuten würde? Und wenn man verstehen würde, dass Bescheidenheit etwas mit einem starken Sinn für das eigene Selbst zu tun hat, das sich nicht blenden lässt von Applaus und Rampenlicht?

Bescheidenheit aus der Sicht des Steins gehört zur Kategorie der friedfertigen, sanftmütigen Lebenskünste. Ob man nun wirklich nicht weiß, wie man wirkt, oder ob man es nur vorgibt, nicht zu wissen, ist nicht so entscheidend. Beides steigert die Ausstrahlungskraft eines Menschen um einiges. Am meisten Strahlkraft haben Menschen, die sich ihrer Ausstrahlung nicht bewusst sind. Bescheidene Menschen können es sich leisten zu wissen, was sie nicht sind, weil sie wissen, was sie sind. Sie brauchen keine Etiketten und kein Design. Ihr Interesse liegt im persönlichen, authentischen Ausdruck ihrer selbst. Bescheidenheit in diesem Sinn könnte einfach und schlicht bedeuten, das zu finden, was einem am Herzen liegt, was man wirklich mag, wofür man sich begeistert und einsetzen möchte. Die Verpackung, Aufmachung und das Etikett folgen später, wenn sie überhaupt noch nötig sind. So spart man sich einiges an unwesentlichen Beschäftigungen und an Müll.

Bescheiden sein wie ein Stein könnte heißen, das zu tun, was man tun will, zu wissen, was sich als stimmig anfühlt – sei es das belegte Brötchen, die eigene Handtasche, das gemütliche Bett, die Radieschen im Garten. Ausscheiden, was nicht wichtig, wertvoll und wesentlich ist. Auf sich selbst hören, um mehr von dem wahrzunehmen, was in einem selbst und um einen herum vor sich geht. Von Sokrates stammt der bescheidene Satz: „Lass uns die Zeit nicht totschlagen mit Dingen, die weder wichtig noch gut noch wahr sind." Unsere weisen Steine würden sicher zustimmen.

*

Was sagt Ihnen Ihr Stein zur Bescheidenheit?
Ermutigt er Sie dazu?
Oder sind Sie ohnehin schon bescheiden und müssten einmal das Gegenteil ausprobieren?

Der Lebenskreislauf der Steine

■ ■ ■

Steine tragen die Spuren längst vergangener Zeiten. Sie sind Zeugen und Träger von Erinnerungen unseres Planeten. Sie kommen aus der Ewigkeit und weisen in die Ewigkeit. Das ist auch der Grund, weshalb sie für die Menschen immer schon mehr waren als nur Materie – immer waren sie Symbole für Verbindung zwischen der Welt des Unsichtbaren und des Sichtbaren, für die Verbindung zwischen Vergangenheit, Gegenwart und Zukunft. Dass sich Vergangenes überhaupt in der Gegenwart ausdrücken kann, liegt an der wichtigsten Eigenschaft der Steine – ihrer Festigkeit. Nur im Festen und Verdichteten können sich Strukturen der Zeit abbilden und kann sich Vergangenes ausdrücken.

Der Stein, den Sie in der Hand halten, hat viel durchgemacht damals im Inneren der Erde. Sein Bestehen verdankt er der ständigen Veränderung und Verdichtung in einem endlos langen Prozess. Das teilt er mit allen Steinen auf der Erdkugel. Sie alle erstarrten, verwitterten und verwandelten sich. Vergleichbar ist die Entstehungsgeschichte des Steins mit einem Backvorgang. Seine Existenz begann in einem warmen Teig und sein Bäcker war die Natur. Dieser Naturbäcker bearbeitete ihn kraftvoll, er kühlte ihn ab, knetete, stauchte und drückte ihn zusammen, so dass sich aus der ursprünglich zähen Masse Formen und Strukturen bildeten. Das Ergebnis dieses Backvorgangs sind die drei Familien der Gesteine, denen wir den Namen gaben: magmatische Gesteine, Sedimentgesteine und metamorphe Gesteine.

Erst durch die Abkühlung der Erde vor rund 4,5 Milliarden Jahren, als sie noch ein glutheißer Feuerball aus flüssigem Stein war, erstarrten aus dem Magma die ersten Gesteine, darunter auch Granite. Ihre Zusammensetzung verrät das bekannte

Sprüchlein „Feldspat, Quarz und Glimmer, die drei vergess' ich nimmer". Goethe sah im Granit das Urgestein, aus dem sich alle anderen entwickeln ließen, sozusagen als Spezialisierungen verschiedener Richtungen.

Die Erdkruste war zwar irgendwann einmal einigermaßen fest, aber der heiße Ofen direkt unterhalb kochte weiter. Unter der Erdkruste arbeiten nach wie vor gewaltige Kräfte. Die Geologen gehen davon aus, dass die Erde sich regelmäßig wie eine Eidechse häutet, nur wirft sie ihre Haut nicht ab, sondern drückt sie ins Erdinnere, dort entstehen noch heute unter Druck und hohen Temperaturen einzelne Magmenkörper, die nach oben in die Erdkruste eindringen und zu neuen Gesteinen auskristallisieren. Wo sie aufeinander prallen, falten sich Gebirge auf. Für uns scheinen diese mächtigen Gebirgsmassive wie Symbole des Ewigen. Doch auch sie wandeln sich ständig. Eis, Wasser, Wind, Hitze, Kälte bearbeiten sie, rütteln an ihnen, brechen Teile ab und führen zur Verwitterung. Gletscher, Flüsse und Regenwasser transportieren das abgelöste, zerkleinerte Material in Täler und Mulden, wo es sich ablagern kann und endlich zur Ruhe kommt. Dort schichtet es sich auf wie bei einem Schichtkuchen und wird zu einem Ganzen, dem Sedimentgestein wie etwa Kalk-, Sand- und Tonstein, zusammengebacken.

Gerät nun magmatisches oder Sedimentgestein in die heiße Region der Erdkruste, beispielsweise in die Nähe eines Vulkans, so findet ein weiterer Backvorgang statt. Es wird aufgeschmolzen, aufgekocht und zu einer neuen Struktur umgewandelt. Wie der Name es sagt, es entstehen umgewandelte, metamorphe Gesteine wie etwa Marmor, Gneise oder Glimmerschiefer.

So vielfältig wie ihre Entstehung sind auch die unterschiedlichen „Sprachen", die die Steine sprechen, die mit dem Zeitlichen, dem Ort und dem jeweiligen Milieu, die sich in ihnen ausdrücken, zusammenhängen. Wir können versuchen, diese Sprachen zu lesen, auch wenn wir uns zugestehen müssen, dass unser Wissen immer begrenzt bleiben wird. Was aber bleibt, ist das Wissen um eine elementare Kraft der Schöpfung, die sich in jedem einzelnen Stein manifestiert. Steine sind Energieträger, vergleichbar mit einer Batterie, die aufgeladen ist und uns mit Energie versorgt. Sie verkörpern Energie und geben Energie. Sie geben uns Leben, weil sie Leben sind. Ohne Energie geschieht nichts, lebt nichts, funktioniert nichts, gedeiht nichts. Wäre es nicht schön, mehr Energie zu haben? Nehmen Sie Ihren Stein in die Hand und spüren Sie seine Energie. Sie ist sanft, langmütig, aber sehr wirkungsvoll, denn sie hat eine lange unendlich langsame Geschichte hinter sich.

*

Halten Sie Ihren Stein und stellen Sie sich vor, dass er Ihr persönlicher Energiespender ist.
Spüren Sie die Energie Ihres Steines?
Reiben Sie ihn nun abwechselnd mit beiden Händen, und lassen Sie sich so mit Energie voll tanken. Aufgeladen mit Energie wird Ihnen Ihre Arbeit viel leichter von der Hand gehen.

Geburt

Die Geschichte des Steins ist vergleichbar mit unserer Geschichte. Aus den gleichen Elementen des Festen, Flüssigen und Gasförmigen, den gleichen „Backprinzipien", die die Erde so unendlich erfinderisch kombiniert, sind auch wir geschaffen. Steine brauchen eine lange Zeit, bis sie an die Oberfläche, ans Licht kommen. Auch wir verbringen einen Großteil unseres Lebens im Dunkeln: Man denke an die Zeit im Mutterleib, die Nächte und den Schlaf und die letzte Dämmerung im Sterben.

Jeder Morgen kann uns zur Möglichkeit werden, eine Spur oder einen Zipfel davon zu erhaschen, von unserer ersten Wohnung im Dunkel einer Frau und von dem tiefen, umfassenden Gefühl, vom Dunkel ans Licht zu kommen. Ist nicht jeder Morgen ein Stück Wiederbelebung dieses ersten Aufenthaltes? Aus diesem Stoff ist etwa der dunkle Obsidian geschnitten, der uns daran erinnert, woher wir kommen und wohin wir gehen werden.

Wohin wir blicken, die Steine sind ein Spiegel, eine Fortsetzung, Abwandlung von uns ins Unendliche. Für Kinder ist diese Verwandtschaft noch selbstverständlich, wenn sie ihre aufgesammelten Steine als Spielgefährten oder Geschwister empfinden. Aber auch für Erwachsene dürfte sie mehr als Poesie, Mystik oder Symbolik sein. Denn schließlich ist sie Grundlage elementarer Chemie. Wie in den Steinen begegnet sich auch in jedem Menschen Vergangenes, Gegenwärtiges und Zukünftiges. Auch wir sind Reisende. Unsere Reise ist das Leben. Auch wir werden gebacken, geformt, geknetet, gestaucht und zusammengedrückt. Jeder Vorgang hält seine eigenen unvergleichlichen Sichtweisen und Abenteuer bereit. Immer von neuem nehmen wir die Zeit, den Raum, das Milieu und die Bedingungen auf eine neue Art und Weise wahr. All diese Stufen und Phasen haben ihre eigene Geschichte, ihre eigenen Abenteuer und ihre eigene Dynamik, deren schrittweise Erkundung und Aneignung unser Leben ausmacht.

Dieses Durchleben und Erleiden bestehen wir glücklicherweise nicht allein, wir teilen es mit den anderen, die mit uns gehen. Aber wir wissen schon bald, dass die, die uns begleiten, behüten und bewahren, weniger werden. Ihre Reihen werden sich lichten. Sie werden gehen, uns verlassen, und sie werden uns überlassen mit ihrem Erbe, das wir verwalten müssen. Wir werden uns an ihr Feuer, ihr Wasser und ihre Festigkeit erinnern, aber wir müssen weitergehen, befrachtet mit ihrer Neugier, ihrem Elan, ihren Zweifeln, Ängsten und ihren Unzulänglichkeiten. Auf unserem Weg gibt es Begegnungen, Beziehungen, Sternmomente, Ekstasen. Sie werden uns daran erinnern, wie wundervoll das Leben sein kann. Wir werden immer wieder das Gefühl des Angekommenseins haben. Aber wir werden auch erleben, wie schnell wir ungeduldig werden und die Oasen und Tankstellen der Sicherheit wieder verlassen. Das Leben fordert uns ständig neue Geburten ab.Manchmal würden wir gern länger bleiben, aber etwas trifft oder zieht uns, so dass wir weitergehen müssen. Wer gehen kann und nicht stillstehen will, wird Überraschungen, Herausforderungen und Geschenke erleben. Vielleicht hat er manches verloren, so wird er sich doch nach einer gewissen Zeit reich beschenkt, geläutert und gewandelt wissen. Er hat Gaben empfangen, von dessen Existenz er bis dahin vielleicht nichts ahnte, und er hat womöglich Enttäuschungen erlebt, die er nicht einmal zu träumen wagte. Aber er lernt, wenn er nicht verhärtet und erstarrt, dass einem nichts genommen wird, ohne dass man nicht dafür etwas Gleichwertiges, oder mehr als das, empfängt.

*

Halten Sie Ihren Stein in der Hand und zentrieren Sie sich auf den gegenwärtigen Moment. Die Reise seines Lebens ist auch Ihre Reise. Selbst wenn Sie Ihr Leben momentan als mühsam erleben, bewegen Sie sich weiter.
Auch dieser Zustand wird vorübergehen. Es geht immer weiter.

Hingabe

Das Leben der Steine ist abenteuerlich und aufregend. Es gibt kaum etwas, das sie nicht kennen gelernt haben. Ein langer Weg verlorener Träume, erlittener Wunden und Kämpfe liegt hinter ihnen. Ein Weg mit vielen Abschieden, auf dem sie bearbeitet, geschunden, besiegt, gebrochen, gefeilt worden sind. Das hat sie schweigsam, still und weise, aber auch fest und unerbittlich gemacht. Die Elemente sind stets die gleichen: Tun, Erleiden, Wissen und Vereinigung der Kräfte. In ihnen lebt eine Kraft, die alles zusammenhält und unsere Faszination hervorruft. Wenn wir dieses Bild weiterspinnen, so konzentriert es sich zur Gestaltung eines Kraftzentrums, in dem sich alles vereinigt, die erlittenen Kräfte des Wassers, das Feuer der Instinkte, das Wissen der Luft und die Reife der Erde.

Auch unser Leben wird sich im Umgang mit diesen Kräften messen müssen. Es wird davon abhängen, wie gekonnt und geschickt wir mit diesen Kräften und Gegenkräften, die in und auf uns wirken, paktieren: die Phantasie, die Intuitionen und die Leidenschaft einerseits und das Wissen, die Erfahrung, die Bemächtigung, die Dosierung und die Selbstbeherrschung andererseits. Sowohl die Hingabe an die Welt der Instinkte und Gefühle wie auch die ausschließliche Bemächtigung der Welt durch den Willen sind Abkürzungen oder Sackgassen. Sortieren, ordnen, bündeln, beschränken, auswählen, das sind die Elemente, die für den erwachsenen Lebensplan angesagt sind. Wie die Steine, die immer deutlichere Konturen annehmen, erfahren auch wir ein Mehr an Tiefe, Prägnanz und Kenntlichkeit, wenn wir die Geheimnisse der Beschränkung und des Auswählens auf uns anwenden – eine Beschränkung, die nicht mit Verzicht, Abstinenz oder Beschneidung zu verwechseln ist, sondern die mit einem Zuwachs an Vertiefung, an Glückserfahrungen und Genuss einhergehen kann.

Empfänglichkeit, Hingabe und Vertiefung, das ist die Magie des Erwachsenendaseins. Die Entscheidung zu formen, zu bilden und zu gebären und sich damit zu verbinden, führt uns an den Platz, wo wir hingehören. Unser wahrer Platz, auf dem wir uns mit Leib und Seele eingeben, unsere Träume Wirklichkeit werden lassen, ist immer dort, wo wir spüren, unser Leben und unser Tun macht einen Sinn.

Steine geben Inspiration und Hoffnung, selbst jemand zu werden, der sein Leben einer Aufgabe hingibt. Sie zeigen, dass man seinen eigenen Rhythmus, seine eigene Antwort leben kann und dass man mit sich in Leib und Seele eins werden kann. „Ich bin, die ich bin." Dieser markante Satz ist so rund wie ein wunderschön geformter, vollkommener Stein. Eine Aussage, die die gelungene Übereinstimmung des eigenen Wesens mit der Form, die sie in dieser Welt am eigenen Ort gefunden hat, nicht besser ausdrücken kann.

*

Ihr Stein soll Sie ermutigen. Halten Sie ihn und spüren Sie Ihre eigene Kraft. Schenken Sie Ihre Kraft anderen und Sie werden feststellen, wie all das, was Sie abgeben, zu Ihnen zurückkehrt. Probieren Sie es mit einem Lächeln und schauen Sie, wie viele Ihr Lächeln erwidern.

Verwandlung

„Ein jegliches hat seine Zeit, und alles Vorhaben unter dem Himmel hat seine Stund'", lehrt der Prediger Salomo, „das Geborenwerden und das Sterben, das Steinewerfen und das Auflesen der Steine ...". Auch das Altern, die Verwandlung und der Tod haben ihre Zeit.

Das Altern der Steine vollzieht sich in Gleichmut, um nicht zu sagen in Gleichgültigkeit. Warum gelingt es den Menschen so schwer, das Altern und Sterben als eine gewöhnliche Gegebenheit hinzunehmen? Es ist tröstlich zu wissen, dass jeder Stein, der zu Staub zerfällt, wieder in den großen Kreislauf der schöpferischen Steinwelt gelangt. Er wird wieder Gestalt, Licht und Form. Bedeutet das nicht auch für uns, dass nichts verloren geht? Alles, was wir tun oder unterlassen, was wir fördern oder behindern, hat eine unendliche Perspektive. Alles gerät in den großen Kreislauf und kommt wieder zur Sprache und ans Licht.

Es braucht Mut, einzusehen, dass das Entscheidende eher ein Lassen als ein Tun ist. Die Steine initiieren nichts selbst, sie überlassen sich den Kräften und Gewalten der Natur, des Wassers, des Windes und des Feuers. Unsere Verwandlung geschieht ähnlich. Die menschliche Seele will wachsen und das Selbst will Gestalt annehmen. Was wir sind und werden, liegt nicht allein in unserer Hand. Auch das Ende ist offen und lässt sich nicht berechnen oder beherrschen. Wer das Ende als Übergang oder Wandlung versteht, der kann seine Daseinsfreude auch in diesem letzten Teil des Verwandlungsprozesses bewahren. Es gibt Menschen, die dieses Vertrauen bis zu ihrem Ende bewahren.

Uralte Steine, alte Bäume – ihnen wohnt eine Schönheit und Würde inne, die Zugang zu anderen Reichtümern erschließt. Sie erinnern uns, dass es mehr gibt als die unbarmherzigen Spiegel in unseren Badezimmern. Auch Steine haben Falten. Sie gelten nicht nur als besondere Gestaltungselemente, sondern sind wie beim Menschen ein Stempel des Alters. Sie verraten etwas darüber, wie die Zwiesprache mit den Kräften aus dem Innern der Erde und Wandelbarkeit ihre Spuren hinterlassen haben. Sie machen begreifbar, wie innere und äußere Form zusammenwirken und wie unerschöpflich und geheimnisvoll Geistiges die Materie bearbeiten und lieben kann. Wer seinen Verfall als Unglück ansieht, der schaufelt sich sozusagen selbst das Grab. Denn das Altern muss keineswegs vernichtend sein. Was uns viel mehr zu schaffen macht, sind unsere Vorstellungen vom Altwerden.

Auf meinem Weg fand ich einen wunderschönen alten, gebrochenen Stein mit einer bizarren Textur, vergleichbar einem Strickmuster, das aus unzähligen Bändern und Farben kunstvoll gewirkt war. Die Rückseite, gegen die Wind und Wasser peitschten, war schroff und aufgerauht. Das unbändige Spiel der Verwitterung, das Wissen um unser kurzlebiges Rennen auf dieser Erde, das aus dem Gesicht dieses Steines schaute, verbreitete sich über seine ganze Umgebung. Sprechende Evolution in einem einzigen Stein! Was ihn so faszinierend machte, war dieses offenkundige Wissen erlebter Abenteuer. Aus jeder seiner Bruchstellen schaute ein kleines Spektrum an Farben. Die Hoffnung, die sie schenken, scheint ein Naturgesetz zu sein: Keine unserer Erlebensweisen wird stumpf oder gebrochen, ohne dass nicht ein Spektrum oder Raum für neue Wahrnehmungen entstehen könnte.

*

Wenn Sie Ihren Stein fest drücken, denken Sie an seine Geschichte, die ihn so still und weise gemacht hat. Und Ihre eigene Geschichte? Welche Orte kennen Sie? Wie viele Veränderungen haben Sie bewältigt? Wie viele Krisen überstanden? Wie oft haben Sie wieder neu begonnen?

Schattenseiten der Steine

■ ■ ■

Wir sprechen mit Genugtuung davon, steinalt oder steinreich zu werden, stark oder fest wie ein Stein zu sein, bei jemandem einen Stein im Brett zu haben, ein Fels in der Brandung zu sein, den Stein der Weisen gefunden zu haben. „Was fragt der Stein nach harten Streichen", fragt der Volksmund, und unsere Sprichwörter sprechen von den Steinen, die wir werfen, auch wenn wir im Glashaus sitzen, von den Tropfen auf dem heißen Stein und von den Steinen, die wir ins Rollen bringen. Uns werden Steine zugeworfen, wir können untergehen wie ein Stein und sogar Gefahr laufen, gesteinigt zu werden.

Aus diesen Redewendungen spricht das Leben mit seinen Gegensätzen, Höhen und Tiefen, mit Licht und Schatten. Die Sprache der Steine lehrt uns, dass es Grenzen für unsere Aktivität gibt und dass eine bestimmte Qualität immer auch das Gegenteil in sich birgt. Festigkeit kann Stabilität verkünden: an einer Sache, einer Überzeugung, einem Projekt, sie kann Ideen bewahren, Vermögen sichern, Werte festhalten, Traditionen schützen, eine Familie oder Beziehung zusammenhalten, und sie hilft, standhaft, treu und loyal zu bleiben. Sie kann aber auch zur tödlichen Instabilität, Sturheit oder Starre werden.

Das Herz aus Stein bringt es auf den Begriff. Kündet es doch davon, wie Menschen verhärten können hinter den Zwängen von Verdienst, Prestige, Besitz, wie sie an Elastizität verlieren können, wenn sie in die Klauen ihres Dranges nach Selbstüberforderung geraten, und wie ihre Beziehungen zerstört werden, weil sie sich festklammern an starren Mustern, die jede Gemeinsamkeit im Keim ersticken. Wer sich festkrallt, dem zerrinnen die Geschenke des Lebens wie Sand in den Fingern, den man zu fest hält.

Versteinerte Haltungen im Leben zu erkennen – nicht nur bei den anderen, auch bei sich selbst –, heißt manchmal in der Tat auf Granit beißen, besonders bei den eigenen Haltungen und Lebenseinstellungen. Sie können uns unbeweglich, blind und hart machen oder uns gar versteinern lassen. Die Lösung heißt jedoch nicht, sie gewaltsam zu durchbrechen. Das Bild vom Steinmetz, der mit dem Stein arbeitet statt gegen ihn, möge die Richtung aufzeigen. Es geht darum, die Erstarrung oder Verhärtung zu integrieren und zu verwandeln, um so Beziehung zu dem Kristall zu bekommen, der in uns strahlen will.

*

Haben Sie schon einmal einen Stein geküsst? In Irland heißt es, wenn man einen zaubermächtigen Stein küsst, wird man flexibel und redegewandt. Probieren Sie es einmal.

Zu Stein erstarrt

Im Alltag kann der Sog der Erstarrung überhand nehmen. Das kann sich darin äußern, dass man vor allem Sicherheit sucht. Man will Althergebrachtes konservieren, fühlt sich abgetrennt und sieht nur noch Teile statt das Ganze. Man behandelt sich und andere wie tote Gegenstände und versucht, lähmende Gefühle der Minderwertigkeit wettzumachen, indem man eine lebensfeindliche Haltung an den Tag legt. Bei Menschen, die erstarrt sind, zieht sich dies besonders deutlich durch ihr Leben. Sie wissen innerlich, dass sich ihre Visionen von Leben nicht erfüllt haben, dass sie stecken geblieben sind in der Erfüllung ureigener Wünsche und Sehnsüchte. Die Beziehungen zu ihren Nächsten haben sich abgeschliffen, ihre Freizeitlandschaft ist verödet und berufliche Ambitionen sind zurückgeschraubt worden. Das Leben ist wie ein verwitterter grauer Stein geworden – hart, hohl und hoffnungslos. Man vertröstet sich mit dem verführerischen „Später" – wenn man mehr Zeit hat, wenn die Kinder aus dem Haus sind, wenn man geschieden ist, wenn das Haus abbezahlt ist, wenn das Projekt abgeschlossen ist oder die ersehnte Pensionierung endlich eingetreten ist. Die Redewendungen sind verräterisch: „Eigentlich geht ja alles ganz gut. Ich müsste eigentlich zufrieden sein. Man darf ja nicht klagen." Dieses mehr oder weniger versteckte „Ja – aber" ist eine Falle, weil man damit vor sich selbst verharmlost, wie festgefahren man in der Verwirklichung seiner vitalen Lebensimpulse ist.

Diese verhärtete Überlebensstrategie ist umso gefährlicher, als man davon überzeugt ist, man sei völlig normal. In der Illusion, man bewege sich wie alle anderen als freier Mensch in einer offenen Welt, folgt man unablässig wie ein Zug den gleichen Gleisen, marschiert im gleichen Trott, rotiert in den immer gleichen Schaltkreisen des Gehirns, wiederholt mechanisch die gleichen Abläufe, als ob einem die eigene Entscheidung das Verhalten diktieren würde. Man glaubt sich eingebunden in eine bestimmte Ordnung und übersieht dabei, wie man sich in Wahrheit von dem distanziert hat, was einer Tätigkeit und dem Leben überhaupt Sinn verleihen könnte. Man entfernt sich von seinem eigenen inneren Wesen und sucht sich verbissen und verbohrt dort, wo man nicht ist.

Wer seine Lage anschauen kann und nicht in die Rolle des schuldzuweisenden Opfers verfällt, der spürt vielleicht den Impuls zum handelnden Verändern, wenn er auf sein „Ja – aber" verzichtet. Wer den Mut hat, Neues zu beginnen, verändert auch die Bedingungen seines Lebens. Dazu gehört vor allem die unausrottbare Kraft der Gefühle. Wieder einmal richtig zornig sein oder versöhnlich sein, so dass die Funken des Lebens wieder zu sprühen beginnen. Das ist das Gegenteil von Härte. Wieder einmal richtig tief seufzen oder ausgelassen lachen. Das ist Versöhnlichkeit. Die Bewegung ist unser natürliches Element. Von Geburt an sind wir bewegt worden, wir sind geschwommen, haben geschaukelt, sind gerannt, geschwankt, getorkelt. Die Erstarrung hingegen ist ein Vorgeschmack des Todes.

Die alte Fabel vom Wettstreit der Sonne mit dem Wind erzählt davon, wie wenig tobender Starrsinn ausrichtet: Sie wollten wissen, wer von beiden der Stärkere sei. Die Sonne schlug
vor, dass beide einen Wanderer dazu bringen sollten, seinen
Mantel abzulegen. Der Wind legte sich mächtig ins Zeug, er
tobte, raste und zerrte, was den Wanderer dazu brachte, dass er
sich nur noch fester in seinen Mantel einhüllte. Die Sonne hingegen schien warm und freundlich. Was geschah? Der Wanderer
befreite sich im Handumdrehen von seinem Mantel.

*

Fühlen Sie sich festgefahren, stecken geblieben, erstarrt?
Reiben Sie Ihre beiden Fußsohlen mit Ihrem Stein, um wieder in
Trab zu kommen. Springen, laufen, rennen Sie und genießen Sie,
wie die Erstarrung aus Ihrem Körper weicht.

Hart wie ein Stein

„Die Stellung halten, koste es, was es wolle", das ist Militärspra-
che und sollte in unseren Lebensabläufen nichts zu suchen haben. Nichts gegen Standhaftigkeit, sie ist eine hohe seelische
Leistung. Als Bild dafür denke ich an überhängende Steine, die
aussehen, als würden sie jeden Moment fallen, aber sie können
sich noch Jahrhunderte halten. Standhaftigkeit, die ein Gleichgewicht und Ruhe ausstrahlt, die sich behauptet und Widerstand
leistet, wie bei diesen überhängenden Steinen, ist voller Kraft
und Energie. Dieses Standhalten hat eine andere Perspektive als
die lebensfeindliche Verhärtung, die aus einem Missverstehen lebendiger Rhythmen und Lernvorgänge entsteht. Wo die Ordnung oder ein Prinzip um jeden Preis gewahrt werden sollen, da
verhärteten und erstarrten sie. Man wiederholt immer dieselben
Argumente, stellt sich stur und entgleist in Engstirnigkeit. Auf-
geräumt darf es auf dem Friedhof sein, aber nicht in unseren

Schicksalen. Nicht ohne Grund singt Wolf Biermann: „Du, lass dich nicht verhärten in dieser harten Zeit. Die allzu hart sind, brechen."

Nicht die Verhärtung schützt den Menschen, sondern eine lebendige Haut. Energie will fließen. Wird sie daran gehindert, so kommt es zum Stau und zur Verhärtung. Man denke an Steinbildungen im menschlichen Körper – Gallensteine, Nierensteine, Blasensteine. Die blockierenden Steine sind letztlich immer Verdichtungen von Stoffen, die eigentlich ausgeschieden werden sollten. Das entspricht auf der seelischen Ebene einer Anhäufung von Themen, von denen man sich schon längst hätte verabschieden sollen. Hält man an „übertragenen", überlebten Themen und Mustern fest, so blockieren sie den Lebensfluss und erzeugen Verhärtungen.

Vielleicht bietet die Härte eine relative Ruhe und Sicherheit im Leben. Aber es haftet ihr etwas an, als ob der Tod schon in der Art des Lebens vorweggenommen wäre. Der Preis dieser Ruhe ist hoch, geht er doch immer einher mit dem Verzicht auf Lebensfreude und Vitalität.

Welchen Sinn kann ein hartes, verbissenes Dasein haben, wenn auf diese Weise vitale Dimensionen des Lebens geraubt werden? Die Antwort kann nicht darin bestehen, Härte eliminieren zu wollen. Verhärtungen sind genauso nötig wie Auflösungen. Ohne diese beiden Tendenzen könnte ein Mensch nicht gesund leben. Gäbe es keine verhärtenden Prozesse, dann hätten die Menschen weder Knochen noch Zähne. Gäbe es andererseits keine Auflösungen, dann könnten Menschen nicht wachsen und regenerieren, da alte Substanzen nicht entsorgt und weggeschafft würden, dann wären sie dauernd krank vor lauter Ablagerungen und Schlacken.

Es geht also um eine Betrachtungsweise, die davon ausgeht, dass das Leben nur als Gesamtheit zu verstehen ist, in dem das eine nicht ohne das andere möglich und auch verständlich wird. So instabil es auch ist, es muss immer wieder versuchen, seine Mitte zu wahren – zwischen Verhärtung und Auflösung, zwischen Versöhnlichkeit und Sturheit. Druck, Zwang, Kontrolle, Macht, Forderung, Recht, Rache – das sind kurze Vokabeln einer Sprache, die, wenn sie überhand nehmen, oft lange und harte Folgen haben. Sie alle resultieren aus der Mentalität des Mangels. Wenn härteres Arbeiten, Ehrgeiz, Einengung und Unerbittlichkeit nichts helfen, was dann? Der Konflikt zwischen Bewahrung und Wandel ist eine Herausforderung, die zur Frage nach der eigenen Mitte führt.

Was heißt es, die eigene Mitte zu wahren? Ein Mensch, der verhärtet ist, hat sich in eine Sackgasse begeben, er ist verstrickt in einen gordischen Knoten aus Wut und Einsamkeit. Das Heilmittel oder die mögliche Umkehr ist das Loslassen.

Ich weiß, dass diese Botschaft nicht leicht und angenehm ist. Ob es sich um Wünsche, Rechtfertigungen, Prinzipien oder Dringlichkeiten handelt, es lohnt sich, die Zeichen der Verhärtung zu deuten. Sich die Frage zu stellen, wo kann ich „abrüsten", ist schon der erste Schritt zum Frieden. „Nicht Hammerhiebe, sondern der Tanz des Wassers rundet den Kiesel zur Schönheit", gibt uns der indische Dichter Tagore auf den Weg.

*

Kneten Sie Ihren Stein in den Händen und spüren Sie, wie Ihre Hände dabei weich und warm werden.
In welchen Bereich Ihres Lebens könnte Ihnen mehr Weichheit und Wärme gut tun?

Stolpersteine

Wo Menschen ihren sicheren Stand verlieren, sind sie in Gefahr. Sie können sich stoßen, stolpern, straucheln, stürzen. Die hautnahe Erfahrung, wenn sich ein kleiner Stein in unseren Schuh verirrt hat, gibt schon einen Vorgeschmack, wie irritierbar unsere Füße, wie leicht sie aus dem Gleichgewicht zu bringen sind.

Schon ein kleiner Stein kann zum Stein des Anstoßes werden, der uns schmerzt, ärgert, stört oder gar erschreckt. Man kann buchstäblich spüren, wie sich die Wahrnehmung im gleichen Augenblick verändert und einengt, wie sich das Bewusstsein, die Gedanken und das Verhalten in die Füße verlegen. Wir werden vorsichtig, wachsam. Es geht um das Intimste – um den eigenen Schmerz. Halte ich ihn aus? Ignoriere ich ihn? Zähne zusammenbeißen und weitergehen? Den Stein umgehen? Verschieben? Ihn als Zumutung oder als Chance empfinden? Eine Pause einlegen? Sich befreien?

Irgendetwas muss nachgeben, denn der Stein tut es nicht. Schon ein kleiner Stein kann eine Herausforderung an unsere Flexibilität und Elastizität sein. Verliert man seine Beweglichkeit mit den kleinen Zumutungen der Natur, so geht sie auch für andere Dinge verloren. Vielleicht können sich diejenigen, die bereits Erfahrung mit Stolpersteinen oder anderen Stolperstellen hatten, eine gewisse Vorstellung davon machen, worum es hier geht. Dann wird einem nämlich bewusst, wie lächerlich und illusionär unser Ideal einer unerschütterlichen Sicherheit, eines betonierten Weges ist. Wir müssten zugeben, dass wir nicht zu allem fähig und nicht ständig Herr der Lage sind. Und wir müssten fähig sein, auf die Durchsetzung unmittelbarer Ziele manchmal zu verzichten. Das heißt, den Glauben haben an den Zusammenhang des Ganzen, ein geduldiges Hoffen trotz der augenblicklichen Verunsicherung und die Demut der richtigen Einschätzung unserer Kräfte.

Kinder schenken allem, was sich ihnen in den Weg stellt, aufmerksame, ungezwungene Beachtung. Für sie ist alles gleichrangig bedeutungsvoll. Krankheit, Behinderung, Komik oder Wahnsinn – sie alle haben für das Kind ihren Platz in der Fülle der Schöpfung. Alles, was wir später ablehnen oder verurteilen – Scheitern, Misserfolg, Ungeschicklichkeit, Hässlichkeit, Krankheit –, nehmen sie wie alles andere hin. Später lernen sie die Kriterien der Moral, sie lernen, Normalität zu akzeptieren und den Wert des so genannten richtigen Weges. Was dabei abhanden kommt, ist ein Teil dieser instinktiven Anwesenheit. Das Spüren dessen, was gerade ist. Bei dem sein, was man gerade tut. Daraus ergibt sich die Elastizität der Sinne, die volle Wahrnehmung der Situation und schließlich – der gelassene Umgang mit den Stolpersteinen des Lebens.

Oft stoßen wir an Stolpersteine, die sich mit unseren Auffassungen von Wirklichkeit nicht vereinbaren lassen. Unsere hochfliegenden Pläne werden durchkreuzt, wir werden gebremst oder zu Fall gebracht. Es geht dann darum, nach dem Sinn zu fragen, der sowohl in den großen wie auch in den alltäglichen Stolpersteinen liegt. Denn Stolpersteine können uns fördern, warnen oder helfen, sich von etwas zu lösen, das vergessen wir oft im ersten Aufwallen von Irritation.

Ein Beispiel dafür ist der durch einen Felsbrocken versperrte Weg. Wir können aufbegehren, empört sein, wüten, toben oder fluchen. Das entlastet vielleicht für einen Moment. Wir können aber auch eine Haltung der Achtsamkeit einnehmen und eine Verbundenheit herstellen, die einfach annimmt, was ist. Ein Stein, der sich uns in den Weg gestellt hat. Was wir annehmen, ohne es gewollt zu haben, ist, wenn man ganz weit denkt, schließlich auch das, was wir am Ende unseres Lebens annehmen müssen. Eine kleine Vorübung, die uns lehrt, unserer Angst ins Auge zu schauen und nach dem Sinn dessen zu fragen, was uns so widerfährt. Nun gibt es Stolpersteine, die man sich eigenhändig in den Weg legt. Die Psychologen nennen das „Selbstsabotage". Angreifer in eigener Sache legen sich die Stolperfallen selbst, sie stellen sich im entscheidenden Moment ein Bein und bringen sich selbst zum Stolpern. Man fragt sich, weshalb Menschen sich selbst boykottieren. Wahrscheinlich haben sie Angst vor den eigenen Stärken und glauben, dass sie es nicht verdient haben, erfolgreich oder erfüllt zu sein. Es ist, als wäre der Blick für die eigene Person verstellt, man ist begriffsstutzig und freiwillig blind und nimmt nur noch die eigenen Schwächen und Unsicherheiten wahr und verliert die Wahrnehmung der eigenen Stärken und Kraftquellen.

Wie sich Stopfersteine wandeln lassen, zeigen die folgenden Zeilen einer jungen Frau, die stark mit stelbstsabotierenden Gedanken zu kämpfen hatte:

Der große Stolperstein auf meinem Weg. Die Angst.

Das kleine spitze Steinchen in meinem Schuh. Die Unentschlossenheit.

Das winzige Sandkorn in meinem Auge. Die Sturheit.

Der kantige Stein, der neben mir auf den Boden schlägt. Meine Zuversicht.

Der flache Stein, den ich auf der Wasseroberfläche zum Tanzen bringen kann. Meine Lebensenergie.

Und dann der sonnengewärmte Felsvorsprung, auf den ich mich lege. Mein Vertrauen.

Wir können Stolpersteinen gut begegnen, indem wir sie annehmen als das, was sie sind. Stolpern ist keine Schande – bloß liegen bleiben.

*

Was sind Ihre Stolpersteine? Können Sie annehmend und versöhnlich mit ihnen umgehen? Beobachten Sie sich.

Grenzsteine

Wegen ihrer Unverrückbarkeit können Steine zum Symbol der Grenze werden. Man kann sie überall finden an Straßenrändern, Ufern, Marktplätzen oder unter Hecken. Vor allem im Winter sind sie gut zu erkennen, wenn sie wieder nackt dastehen und nicht mehr überwachsen sind von Moos, Gras und Gebüsch. Diese besonderen Steine haben meist eine bewegte Geschichte hinter sich. Oft sind sie versehen mit Inschriften, Initialen, Symbolen oder Jahreszahlen, mit denen sich die Besitzer, Machthaber oder die Gemeinden ihren Machtbereich sicherten. Der

Brauch, Grenzen durch Steine zu markieren, ist uralt. Die alten Römer legten unter die Grenzsteine Münzen der jeweils regierenden Kaiser, ein Brauch, der in abgewandelter Form auch heute noch bei Grundsteinlegungen üblich ist. Im Mittelalter gab es sogar den Beruf des „Feldschieders", ein Beruf, der mit hohen sittlichen und moralischen Ansprüchen verbunden war. Der Feldschieder war beauftragt, Grenzsteine zu setzen und musste sich auch selbst in seiner Lebensweise an hohen Maßstäben einer strengen Lebensführung messen lassen. Im Mittelalter waren die Strafen für Grenzverletzungen oder Verschiebungen drastisch. Man liest von Fuß- und Beinamputationen wie auch von der Todesstrafe bei Grenzverletzungen. Diese Hinweise bezeugen Respekt und die hohe Wertigkeit dieser Grenzsteine.

Grenzsteine symbolisieren vielleicht das einfachste und zugleich tiefste Erlebnis von etwas Festem, Unwandelbarem. Die Tendenz, Grenzen ein steinernes Mal zu errichten, zeigt die Neigung im Menschen, Grenzen als unverrückbare Erfahrung festzumachen. Grenze ist sozialer Raum im doppelten Sinne. Hier berühren sich eigene und fremde Lebensformen unmittelbar. Man braucht nur an Grenzsteine zwischen Nachbargrundstücken zu denken. Hier zeigt sich, wie kompliziert die psychologischen Verhältnisse sind, denn am Grenzstein wird sichtbar, dass etwas geteilt wird, was zugleich trennen soll. Man setzt einander Grenzen und markiert Lebensräume, deswegen sind Grenzsteine der konkrete Ausdruck, Wirkung und Symbol sozialer Verhältnisse.

Es gibt auch so etwas wie seelische Grenzsteine. Wir alle haben das Gespür für innere Markierungen, Maßstäbe oder Räume, die uns Orientierung geben. Bei drohenden Grenzüberschreitungen haben wir unangenehmen Empfindungen oder ablehnende Gefühle. Wo die inneren Grenzen intakt sind, gibt es klare Signale oder Alarmzeichen, die dann zu Reaktionen führen. Man entscheidet, ob man „ja", „nein" oder „später" sagt. Bei Menschen, die überlastet sind oder von anderen übergangen werden, fehlen diese klaren Grenzen und Signale bei Grenzüberschreitungen. Sie verfügen sozusagen nur über brüchige oder wackelige Grenzsteine, die man leicht übergehen oder verschieben kann. Die Grenzsteine sind für einen selbst und für andere nicht deutlich wahrnehmbar oder fühlbar. Sie haben ihre Schutz- oder Alarmfunktion verloren. Oft merken andere nicht einmal, dass sie Markierungslinien überschritten haben. Viele Menschen, die Schwierigkeiten mit Grenzen haben, erinnern sich an Szenen aus ihrer Kindheit, in denen ihre noch schwach ausgeprägten Grenzen missachtet und verletzt wurden. Kindern, denen das Gefühl für die eigenen „Grenzsteine" nicht zugestanden wurde, sind oft unsicher, ob sie „nein" sagen dürfen.

Unser Leben ist ein ständiges Wechselspiel zwischen weiten Räumen und engen Grenzen. Es beginnt mit dem beengten Weilen im Mutterbauch, dem die Geburt eine Freiheit entgegensetzt, die dem Kind Stufe um Stufe immer weitere Räume eröffnet. Aber das Leben bringt auch Mauern und Grenzsteine, auferlegte und selbstgeschaffene, die die Grenzen des eigenen Reiches immer wieder neu abstecken. Beim Umgang mit Grenzen lassen sich Grundmuster erkennen, die jeder Mensch auf seine ihm eigene Art und Weise erlebt. Manche Menschen leben in sehr engen Grenzen. Dieses Verhalten erlaubt, sich auf sicherem Boden zu wähnen, ohne sich in Neuland begeben zu müssen. Die Folge davon ist Einengung, Gewohnheit oder Stillstand auf Kosten von Entwicklung und Beweglichkeit. Auf der anderen Seite gibt es Menschen, die ihre Grenzen zu sprengen versuchen, am besten sofort und um jeden Preis oder sogar mit dem Brecheisen. Häufig fühlen sie sich eingekerkert und wie in einer Sackgasse. Dieser schmerzhaften Erfahrung versuchen sie zu entrinnen, indem sie Zäune und Schranken niederreißen, sich in Gefahr begeben und mitunter sogar abstürzen.

Angesiedelt zwischen passivem und überaktivem Verhalten vereint der dritte Weg beides: Man anerkennt seine gegenwärtigen Grenzen, ist aber bereit, sich zu öffnen und zu wandeln. Dies bedeutet Klugheit und Mut – Klugheit im Erkennen der eigenen Grenzen und Mut zu Neuem. Oft öffnen sich gerade dort, wo die Grenzsteine am unüberwindlichsten erscheinen, bei Verzweiflung, Krankheit oder Verlust, die unverhofften, überwältigenden Aussichten. Nicht auf halbem Weg, sondern immer an Grenzen oder dort, wo Wege enden, beginnen andere und neue Reisen.

Geduldiger Umgang mit den eigenen Grenzsteinen ist nicht nur ein wesentlicher Faktor des Erwachsenenseins, er zeugt auch von Liebe zu sich selbst. Der Alltag ist ein Prüfstein, ein beständiger Spiegel des Bewusstseins und der Auseinandersetzung mit den größeren und kleineren Grenzsteinen, die die Richtung anzeigen. So entsteht allmählich ein eigenes kleines Universum, wie bescheiden es auch sein mag, aber es gehört einem selbst.

*

Wenn Ihre Grenzen übergangen oder bedroht werden, lassen Sie Ihren Stein Schutz und Schild für Sie sein.
Verteidigen Sie Ihre Grenzen, denn es geht um Ihr Leben.

Steine des Anstoßes

Wenn jemand aneckt oder Ärgernis erregt, so sagen wir, sein Benehmen sei ein Stein des Anstoßes. Manche regen sich über jede Kleinigkeit auf, sie gehen in die Luft, weil jemand sich nicht an die Spielregeln hält, sie geraten außer sich, weil jemand den falschen Ton oder die unpassende Kleidung gewählt hat. Der so genannte Stein des Anstoßes ist eine Frage der persönlichen Betroffenheit: Wie persönlich werde ich „gestoßen"? Wie weit geht es unter die Haut oder fährt es in die Knochen? Unsere Tage sind voller Anlässe, sich zu ärgern oder auch selbst zum Ärgernis für andere zu werden. Manchmal kann ein einziges unpassendes Wort, eine Unterlassung oder eine winzige Geste zum Stein des Anstoßes werden. Man fühlt sich zurückgestoßen, verraten oder gekränkt. Das aktuelle Gleichgewicht ist bedroht. Eine Möglichkeit ist es, den Anstoß zu orten, um ihm die Stirn zu bieten oder der Bedrohung zu begegnen. Das geschieht zum Beispiel im Zorn, der im Gegensatz zur blinden Wut als konzentrierte Reaktion auf die Beseitigung einer Kraft gerichtet ist, die dem Gegner entgegengeschleudert wird. Oft ist man aber überrascht, wie nichtig solche Anstöße sind. Wer war nicht schon über das plötzliche Gefühl der Erleichterung erstaunt, sobald man sich an den Grund des Anstoßes erinnerte? Wenn Ärger lange Zeit aufgespeichert wird, kann er den Bezug zur Quelle des Anstoßes verlieren. Er kann sich ins Uferlose steigern oder zu einem latenten Gefühl anwachsen, das sich bei jeder möglichen oder unmöglichen Gelegenheit Ausdruck verschafft. Erst wenn der Ärger verstanden und ausgedrückt wird, kann er sich allmählich verwandeln und verflüchtigen. Man kann sich die Kraft des Ärgers zunutze machen, seine Kraftimpulse umsetzen und im eigenen Bewusstsein mehr Klarheit erschließen. Daraus wächst die eigentliche Lebenskraft. In jedem Stein des Anstoßes liegt eine positive Möglichkeit.

Steine des Anstoßes sind unvermeidlich, aber unsere Reaktionen darauf sind selbst gewählt. Warum fällt es so schwer, die Dinge so zu nehmen, wie sie nun einmal sind? Denn eines dürfte klar sein: Nichts ist so wichtig, wie es anfänglich scheint. Besser ist es, die gelassene Lösung zu wählen. Wer gelassen ist, sieht die Dinge mit etwas Abstand, er kann relativieren, einordnen und ist dennoch gefühlsmäßig beteiligt. Gelassenheit ließe sich einüben, wenn man lernt, wahrzunehmen, was ist, innezuhalten und zu erkennen, was einen bedroht, einen Schritt zurückzutreten und in aller Ruhe nachzudenken: Was ist gerade? Was tue ich? Was ist wesentlich? Wie würde ich diese Angelegenheit vom Ende her sehen? So lernt man, Wesentliches von Unwesentlichem zu unterscheiden und den anderen nicht mehr die Macht einzuräumen, sich aus dem Gleichgewicht bringen zu lassen. Man wird frei für das, was einem Frieden bringt und was wirklich wichtig ist. Die harten Brocken, die einem zugemutet werden, erhalten das Gewicht, das ihnen gebührt – nicht mehr und nicht weniger.

Solche Einsicht bewahrt zwar nicht davor, selbst anzuecken oder zum Stein des Anstoßes zu werden. Aber sie kann vor einer Dramatisierung kleinerer Anstöße schützen, dass wir nicht noch größere verursachen und durch unsere Angespanntheit Steine ins Rollen bringen, die nicht mehr aufzuhalten sind.

*

Auch Ihr Stein mag es, gestreichelt zu werden. Streicheln Sie ihn und spüren Sie, wie friedlich Sie dabei werden. Genießen Sie die Ruhe und die Akzeptanz, die er Ihnen schenkt.

Den inneren Stein finden

Steine sind als Symbole des Selbst besonders geeignet, weil sich ihr Wesen im reinen Sosein äußert. Steine sind, was sie sind. Sie ruhen in sich und zugleich in der Lebenswelt. Steine sind vollständig, fest und beständig. Das einfache „Dasein", das unser Selbst charakterisiert, findet sich abgebildet im Stein. Er symbolisiert das schlichte und tiefe Erleben von etwas Ewigem und Beständigem. Unser Selbst vermittelt uns das Erleben von Ganzheitlichkeit und des Zusammengehörens. Selbst im Tiefschlaf und in der Bewusstlosigkeit existiert das Selbst, das in der Stabilität der Leiblichkeit ruht. Unser Leib ist unsere schweigende Heimat, unsere Ruhestätte, in der wir wohnen. Wer den Leib als Kraftquelle zur Verfügung hat, kann sich hingeben und ausdrücken. Unser Leib ruft nach Spontaneität, Verkörperung, nach dem Nächsten. Jeder ist überzeugt, ein Selbst zu sein, zunächst für sich selbst, aber auch für die anderen. Ich bin ich selbst, weil ich durch Gegenwart, Vergangenheit und Zukunft hindurch bestehen bleibe und weil ich mich von anderen unterscheide. Ich glaube, dieselbe zu sein, die ich gestern war, sogar die, die ich vor zwanzig Jahren war. Ich betrachte mich auf einem alten Kinderfoto und sage: „Das bin ich." Ich wache morgens auf und glaube, dass ich, obwohl ich mich nicht daran erinnere, was ich geträumt habe, ich selbst geblieben bin.

„Ich selbst" heißt, dass etwas in mir stabil bleibt trotz der offensichtlichen Veränderungen, die sich von Tag zu Tag ereignen. Der Stein spiegelt das in uns, was unauflösbar, überdauernd und unverlierbar ist. Manchmal braucht es Krisen oder Leiden, bis wir unter den Bergen von Unwesentlichem und Unwichtigem den „inneren Stein", seine Fährten, Wegmarken und Zeichen wiederfinden. Es gibt wohl kaum einen Menschen, der nicht einmal mit seinem „Stein im Seeleninneren" in Berührung kam. Oft erwarten uns auf dem tiefsten Abgrund der Aussichtslosigkeit die atemberaubendsten Begegnungen: ein Schauer von Heiligkeit, der uns ergreift, oder ein sonderbares Vertrauen, das durch die Vernunft nicht zu erschüttern ist. Manchmal genügt ein Satz, der den eigenen Körper wie einen Kristall zum Schwingen bringt. Diese Erlebnisse, die mich mit meinem Selbst in Berührung bringen, kommen meist unangekündigt.

In diesen Prozessen der Reflexion, des Zuordnens wird unser Selbst reicher, das Gedächtnis unseres Leibes füllt sich. Allmählich wandelt sich alles. Es gibt unzählige Formen des „Ich-Selbst", jeder durchläuft verschiedene Phasen und alle paar Jahre erhalten sie einen anderen und meistens einen tieferen Sinn. Ich fand einen alten Brief, der diesen Prozess in Worte fasst: „Ich wundere mich, dass ich immer noch dasselbe tue wie vor zehn Jahren. Nur tue ich es heute von innen heraus, nicht mehr aus Angst oder wegen Erwartungsdruck. Heute bin ich selbst in dem, was ich tue. Was ich heute ausdrücke, geht von mir aus und gehört mir. Heute fülle ich das, was ich tue, mit meinem eigenen Leben. So langsam werde ich mir selbst ähnlich."

*

Spüren Sie ganz bewusst die Rundungen Ihres Steines. Er ist rund, ganz und perfekt. Wie ein Samen pflanzen Sie dieses Gefühl in Ihr Bewusstsein und erinnern Sie sich daran, dass auch Sie ein vollkommenes Ganzes sind.

Sich selbst treu sein

Steine führen uns einen der grundlegenden Widersprüche unseres Lebens vor Augen. Einerseits müssen wir uns verwandeln, um zu leben, andererseits hängt unsere Würde an der Beständigkeit, am Nichtvergessen und an der Treue. Steine leben beides, sie wandeln sich, und sie sind fest und beständig. Aber bei ihnen vollzieht sich eben alles sehr langsam über Jahrmillionen. Es ist, als würde von ihnen ein tiefes Einverständnis ausgehen: so soll es sein. So wie die Sonne, der Regen, der Wind möchte man sie berühren und selbst wie ein fester Stein sein. Was sich bei den Steinen schweigsam vollzieht, müssen Menschen selbst wollen. Sie reflektieren darüber, wie sie sich fühlen und fühlen wollen, und sie können wählen, wie sie ihren Selbstwert im Dasein ausstatten. Menschen können sich für oder gegen die Treue entscheiden. Treue und Verwandlung, wie hängen diese beiden Werte zusammen? Treue ist eine Antwort auf Lebendigkeit und Verwandlung.

Es gibt zwei Weisen, Treue zu leben. Die eine besteht darin, dass man an alten Mustern, Denkgewohnheiten und Verhaltensweisen unbeirrbar festhält, etwa nach dem Motto: „Ich bin nun mal so. Ich kann und ich will nicht anders. Wer mit mir auskommen möchte, muss mich eben so nehmen, wie ich bin." Das wäre ein tiefes Missverständnis von Treue und sogar ein Verrat an ihr, weil solch eine Haltung wachstumsfeindlich ist.

Treue im positiven Sinn hängt mit Beständigkeit und Kontinuität zusammen. Die Elemente, die die Chemie von Treue bestimmen, sind immer die gleichen: Lebendigkeit, Differenziertheit und Geschichtlichkeit. Je nach der individuellen Konstellation variieren die Dosierung und die Mischung. Auch hier können wir von den Steinen lernen: Sie sind lebendig, differenziert und kontinuierlich. Die Kontinuität von uns Menschen hängt nicht zuletzt daran, dass wir unsere Erinnerungen hüten und wahren, sie als unseren Schatz begreifen und sie pflegen und bewahren. Das bedeutet jedoch nicht, dass man sein Interesse von der aktuellen Welt abwendet und nur noch nach rückwärts schaut. Vielmehr geht es um eine Warte, von der aus man die eigene Herkunft und die eigenen Wurzeln akzeptiert und versteht, dass man in der Geschichte lebt. Vor allem in Zeiten, in denen wir glauben, uns verirrt zu haben, in Zeiten des Scheiterns oder der Übellaune, wenn alles nur noch grau scheint und nach Asche schmeckt, ist die Treue wie ein roter Faden, der uns an unserer Selbstbestimmung festhalten lässt. So könnte man auch sagen, treu ist der, der auf sich selbst nicht mehr hereinfällt. Treue wohnt dort, wo Menschen bereit sind, zu dem zu stehen, was sie gesagt und versprochen haben, wo sie Verantwortung übernehmen. Antwort (die in der „Verantwortung" steckt) wird erwartet von einem Menschen, der Treue verwirklicht. Das Wort als gültige Währung, das wäre ein Akt gelebter Treue.

Selbsttreue ist nicht nur eine Sache, die aus dem Gehirn hervorgeht, sondern auch aus der eigenen Leiblichkeit. Den eigenen Leib als Freund, als Begleiter, als Vertrauten anzunehmen, das gehört untrennbar zur Aufforderung, sich selbst treu zu bleiben. In unserem Leib sind unsere Lebenswege eingraviert, die Kämpfe, die Genüsse, die Enttäuschungen und Anstrengungen, die Hässlichkeiten und Herrlichkeiten, die Auseinandersetzungen, die Zärtlichkeiten. Treue ist unter dieser Perspektive etwas Spürbares, sie scheint auf, wenn wir unseren Körper wirklich bewohnen, statt ihn zu verraten, wenn wir ihn annehmen mit seinen lichten und dunklen Metamorphosen, die das Altern in ihm verrichtet. Zu verstehen, dass unser Körper beseelt ist oder beseelt werden kann und nicht aus lauter Einzelteilen besteht, ist die Grundlage unverbrüchlicher Treue zum eigenen Leib. Wer seinen Leib als Verschmelzung unterschiedlicher Kräfte spürt, wird ihn achten und bis zum letzten Atemzug begleiten.

Mit dem eigenen Körper ein Herz und eine Seele zu sein heißt nicht, ein schmerz- und spannungsfreies Leben zu führen. Aber es verbindet und verbündet die Widersprüche und Streitkräfte zu einem lebendigen, schwingenden Ganzen.

Sich selbst treu sein heißt auch, Frieden zu schließen zwischen Intellekt und Intuition, zwischen erworbenem Wissen und Erinnerung, zwischen Kampfgeist und Herzensweisheit, zwischen Genuss und Nüchternheit, zwischen unmittelbarem Glück und Selbstdisziplin. Die Instanz, die dafür zuständig ist, diese Pole auszubalancieren und miteinander zu vereinen, bezeichnen wir als Seele. Damit ist jene Kraft gemeint, die uns durchströmt, wenn wir die gewohnten analytischen Wege von Geist und Vernunft überschreiten, die uns zu höchst persönlichen, neuen und überraschenden Verbindungen führt, die unsere inneren Welten auf unerwartete Weise miteinander in Berührung bringt. Neue Zusammenhänge, die bisher verborgen waren, werden plötzlich erkennbar, der Sinn für andere Welten tut sich auf. Man ist in der Lage, sich ohne Selbstgefälligkeit anzunehmen in einem weiten Sinn, der auch umfasst, wie viel an Fremdheit man auch gegenüber sich selbst hat. Wer für sich akzeptiert, dass er sich auch immer ein Stück fremd bleiben wird, kann sich auch auf die Fremdheit anderer einlassen. Nur der, der sich selbst treu ist, kann auch anderen gegenüber ein treuer Begleiter sein.

*

Wenn das Leben Sie überwältigt, Versuchungen Sie verlocken, Abkürzungen sich anbieten; halten Sie Ihren Stein und sagen Sie sich: „Ich bleibe mir selbst treu."

Anderen treu sein

Der Stein in meiner Hand beginnt schwer zu werden. Ich empfinde ihn als Last. Soll ich ihn nicht lieber loswerden? Einfach fallen lassen? Wegwerfen? Oder durchhalten? Mich zusammenreißen? Ich versuche die Last des Steines deutlicher zu spüren. Wie nehme ich sie wahr? Vergangene Erlebnisse tauchen auf, die mich an Lasten und Belastungen erinnern. Mir wird bewusst, es gibt Grenzen der Belastbarkeit. Es gibt Lasten, die einen fast erdrücken können und andere, an denen man wächst, aus denen man neue Kräfte schöpft oder solche, die mit neuen Eroberungen aufwarten. Ich denke an den vielzitierten Trauspruch „Einer trage des anderen Last", den ich bei geglückten Paarbeziehungen immer wieder bestätigt finde. Jeder Mensch kann nur für sich die Fragen nach der eigenen Belastbarkeit beantworten. Aber vielleicht ist es hilfreich, den eigenen Stein dabei in der Hand zu halten: Welche Last kann ich mir zumuten? Welche will ich abwerfen? Bin ich bereit, die Last meines Nächsten zu tragen? Oder die anderer? Wie nehme ich die Grenzen meiner Belastbarkeit wahr?

„Einer trage des anderen Last." Damit ist eigentlich alles gesagt, was den Kern des Miteinanders anbelangt. Umso schlimmer ist der Treueverrat, der dem anderen die Beachtung und Anteilnahme versagt, ihn verlässt oder wegwünscht, und der Treuebruch, der darin besteht, dass sich jemand der Verantwortung entzieht und das eingegangene Bündnis an Vertrauen aufkündigt. Das unterscheidet auch den Sand von Steinen. Sand ist nicht lebendig und fest, deswegen lässt er sich mit Untreue oder Treulosigkeit in Verbindung bringen, er überweht die Dünen, überfliegt die Oasen und Strände und setzt sich beliebig fest, um sich wieder zu verflüchtigen. Steine sind ewig und gleichzeitig lebendig. Treue ist Praxis von Treue und daher konkretes Tun. Sie ist nicht ein evolutionäres Programm, das sich von selbst einschaltet. Treue ist ein Weg, der gemeinsam erarbeitet werden muss. Wie lange Menschen miteinander sind, ist in gewissem Sinn Nebensache, aber wie entschieden und entschlossen sie sich die Lasten des anderen zu eigen machen, davon hängt die Tiefe gegenseitigen Bezogenseins ab. Es zeigt sich, dass uns alles wie Sand zwischen den Fingern zerrinnt, wenn wir nur an die eigene Haut denken, und umgekehrt: dass wir beschenkt werden, wenn wir uns wie ein lebendiger Fels als vertrauenswürdig und verlässlich zeigen. Treue ist eine Form der Menschlichkeit, die über Toleranz hinausreicht. Man lässt sich auf den anderen ein im Wissen darum, dass er im Letzten unerreichbar ist, genauso wie die eigene Tiefe nie gänzlich auslotbar sein wird. Um mit Rilke zu sprechen: „Wir haben, wo wir lieben, ja nur dies: Einander lassen." Deswegen können und dürfen wir einen anderen niemals festhalten oder uns seiner bemächtigen. Ein solcher Wunsch macht ihn zu einer Sache, die man haben oder auch fallen lassen kann, je nachdem, wie sich die Gefühle ändern. Treue hingegen, die den anderen als unverfügbar annimmt, ist eine wechselseitige Bewegung, die dem anderen nahe kommt, sich ihm aussetzt, ihm folgt oder neben ihm geht, die aber den anderen in seinem Anderssein gelten lässt. Das bedeutet einerseits Begrenzung oder Beschränkung, weil immer ein Stück Fremdheit und Verzicht bleibt, aber andererseits auch Freiheit. Eine wechselseitige Freiheit, die dem anderen sagt: Ich möchte, dass du frei bist. In diesem Vertrauen zieht man gemeinsame Bahnen, man weiß um die eigene Schutzlosigkeit und die des anderen, und gerade deswegen kann Nähe entstehen. Eine Nähe, die Spuren in einem selbst und im anderen hinterlässt.

Insofern ist Treue ein Weg, sich selbst und den anderen zu finden, indem man sich ihm aussetzt, sich von ihm berühren lässt, bereit ist, alles zu nehmen, auch seine Hässlichkeiten, seine egoistischen Tendenzen und Unfassbarkeiten. Beständigkeit in einer solchen gemeinsam gezogenen Spur mag die Bezeichnung Treue verdienen. Bei Beat Imhof fand ich folgenden Wandspruch, der das Gesagte verdichtet: „Ich möchte dich lieben, ohne dich einzuengen; dich wertschätzen, ohne dich zu bewerten; dich ernst nehmen, ohne dich auf etwas festzulegen; zu dir kommen, ohne mich dir aufzudrängen; dich einladen, ohne Forderungen an dich zu stellen; dir etwas schenken, ohne Erwartungen daran zu knüpfen … mich an dir freuen, so wie du bist."

*

Der Stein in Ihrer Hand – an welche Belastungen erinnert er Sie? Wie weit wollen Sie sie tragen?
Kennen Sie die Grenzen Ihrer Belastbarkeit? Neigen Sie dazu, sie zu eng oder zu weit zu stecken?

Füreinander dasein

Von den Steinen, die uns umgeben, können wir lernen, was es heißt, zu sein und füreinander dazusein. Indem sie uns zeigen, in welcher Ruhe und Würde sie ihre Gestalt gewinnen, können auch wir uns von ihnen zu Überlegungen anregen lassen und fragen, wozu wir da sind. Jeden Stein gibt es nur einmal in diesem unendlichen Werden und Vergehen. Jeder von ihnen bleibt dem Gesetz treu, das in ihm selbst liegt. Obwohl sie es nicht wissen, leben sie in Überwindung aller Widerstände das, wozu sie da sind. Wenn wir von ihnen lernen, dann wird die gemäße Antwort lauten: Folge dem, wie die Steine ringsum, was in dir liegt. Lebe das, wozu du da bist, gegen jeden Widerstand und gegen jede Angst. Verwirkliche das, wozu nur du fähig bist.

Je tiefer wir unser eigenes Wesen spüren, desto mehr werden wir merken, dass Liebe weit und offen macht. Ja, sie verlockt uns, gerade auch das zu lieben, was uns umgibt. Liebe ist keine kapitalistische Summe, die schrumpft, wenn man sie verteilt. Im Gegenteil. Je tiefer wir uns selbst verstehen, desto mehr zieht es uns zur Liebe, zur Güte und zur Weitung. Deswegen ist es ein und dasselbe, sich selbst zu finden und treu zu sein und dies weiterzugeben als Großherzigkeit und Güte, die die Kleinheit unserer Existenz übersteigen und auch das umfassen, was uns umgibt. So wenig wie es den Steinen genügt, nur fest an ihrem Platz zu bleiben. Auch sie gehen weiter – allerdings sehr, sehr langsam. Nicht grundlos sind viele Menschen auf dem Weg, manchmal ohne zu wissen, dass sie es sind. Sie wachsen in ihre Wege hinein, ähnlich wie Pflanzen, die sich zwischen Steinen der Sonne entgegenrecken.

Dennoch kann unsere kleine Welt manchmal sehr erdrückend und einengend sein. Was Menschen einander antun aus Macht und Gier, wie sie sich einander verweigern, da gibt es genügend Gründe, das Vertrauen in die Intelligenz und das Gute im Menschen zu verlieren. Die Realität des Dunklen und der Kälte im Menschen und von Menschen erfährt aber überall dort eine

Grenze, wo man sich entscheidet, sich ihr entgegenzustellen. Gibt es nicht heute so gut wie auch gestern noch viele, die ihr Dasein einem Ziel verschreiben, in dem Miteinander, Großzügigkeit und Güte wahre Wunder wirken? Jene Frauen und Männer, denen es auf ihre besondere Weise gelingt, anderen mehr Leben zu geben und manchmal nur mit winzigen Gesten zu vermitteln: „Du bist jemand"? Dieses Erkanntwerden setzt etwas frei, das nicht nur im anderen, sondern in einem selbst die eigene Würde und Schönheit finden lässt. Den anderen mit den Augen der Güte sehen, heißt ihn als das zu erkennen, was er ist. Es genügt, einfach dazusein, wahrzunehmen und zu erkennen, dass manchmal eine winzige Geste, ein Blick, ein einziges Wort oder ein Anruf es sind, die ein Gefühl für die einzigartige Würde eines Menschen erwecken. Wenn wir den anderen mit Güte ansehen, wird dieser Glanz in den Augen in seine Seele gehen, vergleichbar mit dem Glanz in den Augen der Mutter, die ihrem Kind so Bestätigung seiner Existenz gibt. Wann immer wir es fertig bringen, einem anderen zu vermitteln: „Ich sehe dich", werden wir gemeinsam zu dem, wozu wir da sind. Jeder braucht solche Menschen, die ihm die Augen dafür öffnen, was es heißt, sich selbst mit den Blicken der Güte zu sehen.

*

Sehen Sie Ihren Stein einmal mit ganz frischen Augen, als würden Sie ihn zum ersten Mal sehen. Welche Bilder oder Phantasien tauchen auf?

Steine und die vier Elemente

■ ■ ■

Erde, Wasser, Luft und Feuer – die Steine, unser Körper und die ganze Schöpfung bestehen aus Verbindungen dieser vier Elemente. Am Anfang allen Lebens stand ein Liebestanz aus Erde und Wasser, aus Luft und Feuer. So entstanden die Steine und so wurden sie geprägt zu gleichen Teilen. So sind auch wir gezeugt und empfangen worden. Unser Körper besteht aus allen vier Elementen: die Luft zum Atmen, das Feuer zum Verbrennen und Verdauen, das Wasser zum Reinigen und Entgiften und die Erde in der Substanz von Fleisch und Knochen. Zudem sprechen wir von elementaren Befindlichkeiten. Wir fühlen uns leicht und luftig, wir sind für jemanden in Liebe entflammt oder empfinden das Auflodern und das Abkühlen eines Gefühls, wir haben „nahe am Wasser gebaut", oder wir fühlen uns verwurzelt und getragen. Von den vier Elementen zu sprechen, heißt von Grundorientierungen auszugehen, die unserer Lebenswirklichkeit eine Richtung geben. Je nachdem, in welchem Element sie sich verwirklichen, gewinnen sie andere Konturen und andere Inspirationen. Steine können Anregung zum konkreten, praktischen Tun sein, wenn wir uns auf ihr Erdelement einlassen. Ihr Innenleben ist aber auch Feuerkraft, die zur Verwandlung und Willenskraft inspiriert. Ihr Werden verdanken sie der Berührung durch das Wasser, das uns daran erinnert, dass auch wir getragen sind oder im Fluss sind; und der Luft, die uns mit allen anderen Lebewesen verbindet.

Die vier Elemente beschreiben aber nicht nur die Ordnung des Ganzen, sondern auch die Natur in ihrer Bedrohlichkeit für uns Menschen. Man spricht von Erdbeben, Überschwemmungen, Stürmen und Vulkanen. Die Gefährdung durch die Elemente ist zwar heute in unserer technisch abgesicherten Welt kaum mehr direkt präsent, außer vielleicht über das Fernsehen, aber es gibt immer noch genügend Situationen im Alltag, die von einer bleibenden Vertrautheit mit den Elementen zeugen. Das gemütliche Kaminfeuer oder die abendliche Kerze; das Wasser, das man trinkt oder in dem man badet; der Wind, der einem die Ziegel vom Dach weht oder ins Gesicht bläst; die Erde, auf deren Festigkeit man sein Haus baut und deren Widerstand man beim Fahrradfahren bergaufwärts spürt.

Die Steine entsprechen unserem Bedürfnis nach „reiner Natur". Dass die stumm redenden Elemente in ihnen besonders erfahrbar sind, kommt unserer Sehnsucht nach konkreter Erfahrung mit Dingen entgegen, an denen die Prozesse der natürlichen Mitwelt ablesbar sind. Insofern können wir die Steine als Partner verstehen in unserer leiblichen sinnlichen Existenz, die uns ein Stück vom Verlust der Elemente zurückbringen können.

*

Wenn Sie Ihren Stein betrachten, welches Element spricht im Moment zu Ihnen? Seine Feuerkraft, die Berührung durch das Wasser, die Verbindung mit der Luft oder seine tragende Erdkraft?

Element Erde

Fragt man den Stein, was das Leben ist, so wird er antworten: Erde. Aus der Erde stammt er und zur Erde wird er wieder zurückgehen. Er ist ein Teil der Erde und sie ist ein Teil von ihm. Der Erde im Stein begegnet man insofern, als man es mit den erstarrten Spuren früherer Prozesse zu tun hat. Nur durch das feste Element kann die Erde erinnern, indem die Spuren vergangener Zeiten nebeneinander und ineinander festgehalten werden. Im Stein hat sich die Erde ihre eigene Chronik geschrieben.

Dieses tiefe Wissen, dass auch wir ein Teil der Erde sind, drückt sich in vielen Ritualen aus. Der Astronaut Neil Armstrong brachte als Zeichen der Verehrung einen Stein vom Mond mit. Der weitgereiste Papst Johannes Paul II. fällt bei Besuchen in Ländern, deren Boden er zum ersten Mal betritt, auf die Knie und küsst die Erde, um sie zu segnen.

Die Erde ist zunächst einmal ein Zerfallsprodukt von Gestein, bedingt durch die verschiedenen Einflüsse der Witterung und der Gezeiten. Sie ist das trägste Element und hat die Fähigkeit, aus sich selbst unglaublich viel Wertvolles zu produzieren. Schon eine Hand voll Erde bietet mehr Lebewesen Platz, als es Menschen auf der Erde gibt. Man kann sich einmal die Frage stellen: Gleicht mein Leben eher fruchtbarer Erde oder einer Steppe? Eine Steppe bringt kein neues Leben hervor, jedes Wachstum verwelkt und trocknet aus. Psychologisch gesehen ist es ein verödeter, depressiver Boden, eine Gefühlslandschaft, in der Mangel und Schwere vorherrschen oder mitunter auch Groll, Eitelkeit und Angst. Ein Leben, das lebenserneuernder Erde gleicht, hat einen Sinngrund, auf dem die Samenkörner in uns sich entwickeln und wachsen dürfen. Erfahrungen werden kompostiert und als Dünger für neues Wachstum genutzt, Schmerzen werden angenommen und wandeln sich in Mitgefühl für einen selbst und für andere. Ein fruchtbares Leben hält die Kraft bereit, über schwere Schläge hinwegzukommen. Es entfaltet sich, weil wir unsere Talente und Begabungen entwickeln und einsetzen, uns und andere unterstützen und uns um das kümmern und wertschätzen, was zu uns gehört.

Der Stein als Erdelement verbindet uns mit dem Fluss unserer Energie. Sich darauf einlassen, heißt zu spüren, wer wir wirklich sind und wie groß unsere Kraft ist. Wir brauchen bloß durch einen Raum zu gehen, um zu spüren, wie unsere Kraftausstrahlung sich auf andere auswirkt, wenn wir gut geerdet sind. Wenn wir auf die Erde eingestimmt sind, haben wir Zutrauen zu uns selbst, sind angeschlossen an den großen Kreislauf der Natur, verankert in unseren Instinkten und befinden uns im Fluss unserer Lebensenergien.

Trotz des Vertrauens in die Festigkeit der Erde ist das Bewusstsein ihrer Erschütterbarkeit nie weit entfernt. Wir leben auf einer bewegten Erde, die für uns manchmal überraschend, unfassbar und unberechenbar ist. Immer wieder gibt es schwächere und stärkere Erdbeben. Menschen, die in ihren Grundfesten erschüttert wurden, sind fassungslos, haben das Gefühl, den Boden unter den Füßen verloren zu haben. Ob es sich nun um das zerstörte Werk eines Lebens, um die Vernichtung von Hoffnungen, um das Ende einer Liebe oder eine katastrophale Niederlage handelt, immer wird das Leben, auf das man gebaut und sich verlassen hat, plötzlich in Frage gestellt. Solche Erfahrungen können Wendepunkte sein, trotz ihrer Härte sind sie nicht ohne Sinn – sie konfrontieren uns mit der Notwendigkeit, sich der Angst zu stellen, statt sie zu verdrängen, die Gefahr durchzustehen, statt sich abzusichern und abzuschotten. Und wir können nach Erschütterungen, wie das eine Klientin beschrieb, „das Licht der Welt zum zweiten Mal erblicken". Während wir vorher mit schlafwandlerischer Sicherheit durch die Welt gingen, werden wir ein zweites Mal mit offenen Augen „geboren". Eine Erschütterung mag den entscheidenden Sprung in eine Welt herbeiführen, die wie eine Epiphanie aus der Dunkelheit erscheint und von da an nicht mehr als selbstverständlich betrachtet wird.

Die Erde für sich zu entdecken, heißt erst einmal, die eigenen Füße wieder zu spüren – wie Wurzeln in der Erde. Dazu gehört auch der Raum, der einen umgibt, den man neugierig und unbefangen wie ein Kind wieder wahrnehmen lernen kann. Im Erdelement sein heißt auch, die Welt einatmen und das in sich hineinlassen, was einen umgibt: Stimmungen, Atmosphären, Gerüche, Klänge, Bemerkungen, Komplimente, Geschenke, Dankbarkeit. Es ist nicht unser Verdienst, dass wir Sonne, Kraft und die Güter dieser Erde erhalten. Aber wir können sie dankbar aufnehmen, schützen und weitergeben, indem wir von Herzen teilen, was uns täglich geschenkt wird.

Es gibt Menschen, die man als Erdmenschen bezeichnen kann. Sie befassen sich gern mit dem Beständigen, dem

Festen, Soliden. Auf sie trifft die Beschreibung „fest wie ein Stein" zu, ihr Realitätssinn, ihre Ausrichtung an praktischen Lösungen macht sie zu Menschen der Tat, auf die man auch in Notsituationen zählen kann. Natürlich ist es nicht so, dass ein Mensch ausschließlich von einem Element geprägt wird. In der Regel ist es aber so, dass in jedem ein Element vorherrscht, ein zweites kommt noch prägend hinzu, während das dritte und vierte Element oft etwas zu kurz kommen. Fragen Sie sich selbst: Welches Element ist mein prägendes? Welches kommt zu kurz? Welche Situationen rufen in mir welches Element auf den Plan?

*

Um Ihren Ängsten und Süchten zu begegnen, um Ihr Verlangen oder Ihre Gier zu beruhigen, um Frieden zu empfinden und anzunehmen, was ist: Erden Sie sich. Berühren Sie Ihren Stein.

Element Wasser

Fragt man den Stein, was das Wasser ist, so wird er antworten: Bewegung. Dem Wasser begegnet er in seiner Fähigkeit, sich in Bewegung bringen zu lassen. Auch das individuelle Leben beginnt im Wasser. Neun Monate schwimmt das ungeborene Kind im Fruchtwasser der Mutter – ein Sinnbild für die Geborgenheit, die mit der Geburt abrupt ein Ende findet. Wasser ist Ursprung allen Lebens, der Wasserkreislauf der Erde ist die Grundlage des Seins.

Befragt man den Stein weiter, so wird er auch antworten: Anpassungsfähigkeit. Denn Wasser ist ein noch nicht festgelegtes, fließendes Element, das sich von außen bestimmen lässt, indem es die Form seines Behälters annimmt. Nichts füllt jede Form so geduldig aus wie das Wasser. Wo immer Wasser auftritt, zeigt es die Tendenz, in die Kugelform zu gehen. Es hüllt die ganze Erde ein, deswegen sprechen wir auch vom blauen Planeten, und umgibt jedes Ding mit einer dünnen Hülle. Ob es als Tropfen fällt oder als Tautropfen eine Wiese in einen funkelnden Sternenhimmel verwandelt, stets schwingt das Wasser um die Form der Kugel und ertastet jede gebotene Form bis in alle Einzelheiten, füllt sie und geht auf sie ein.

Je mehr wir einen Stein von allen Seiten anschauen, ertasten und begreifen, desto prägnanter bleibt seine Gestalt und Form in Erinnerung. Und je öfter wir solche Lernvorgänge wiederholen, desto besser werden sie eingeschliffen und eingeprägt ins Gedächtnis und als bleibende Erinnerung wieder abrufbar. Ich begreife den Stein nur, wenn ich mich ganz auf seine Form einlasse. Jede seiner Rundungen, Ecken, Kanten, seine Festigkeit, Struktur und Temperatur können nur zu mir sprechen, wenn ich mich von ihnen berühren lasse. Auch die Form des Steines verdankt sich der Geduld gegenüber dem Wasser, das ihn unablässig anspricht, informiert, formt und schleift. Das Wasser hat den Stein gewandelt und es wandelt sich auch fortwährend. Vergleicht man die Formen des Wassers mit denen der Steine, so finden sich unglaublich viele Ähnlichkeiten. Wasser kristallisiert sich zu Eis. Aber es gibt einen wesentlichen Unterschied: Wellen sind das Werk von Sekunden, während Steine sich über Jahrmillionen hin langsam bewegen, dass wir es kaum wahrnehmen. Unvorstellbar lange Zeiten müssen vergehen, damit das Meer dem Stein seinen Wellenschlag einprägen kann.

Kein Wunder, dass das ständig bewegende Wasser auch für den „Fluss des Denkens" steht. Zunächst einmal in der Fähigkeit des Fließens. Jeder Gedanke geht – wie jede Form eines Steines – aus einem Fluss hervor und wird, wenn er verweilt, zu einer festgehaltenen Bewegung

Wie das Wasser, so kann auch das Denken Formen schaffen: Wellen, Wogen, Wirbel, Strudel, Brandungen, Strömungen oder Tropfen. Es kann sie zu Formen miteinander verbinden, aneinander reihen, verwandeln, in Beziehung setzen und wieder lösen.

Diese Gaben des Verbindens und Lösens, die das Wasser hat, finden wir auch in unserem Denken. Auch wir sehnen uns nach Verbindung, Verwandlung, Neuanfang und Unsterblichkeit. Wie das Wasser, das sich der Schwerkraft der Erde ergibt und nach unten fließt, manchmal langsamer, manchmal schneller, aber immer kraftvoll, so muss auch unsere Seele immer wieder zur Erde und sehnt sich immer wieder nach dem Himmel. Wasser ist Sinnbild von Bewegung und Leben.

Doch Wasser ist auch geheimnisvoll, gefährlich und zerstörerisch, es kann Angst einflößen und tödlich sein. Für den Stein bedeutet es auch: untergehen, weggetrieben werden. Und den Menschen kann die Verzweiflung ins Wasser treiben, er kann ertrinken und zugrunde gehen. Jeder kann sich selbst fragen, welche Beziehung er zum Element Wasser hat. Man stelle sich ein Gewässer vor: Ist es ein trübes, dunkles Gewässer, dessen Grund man nicht sehen kann? Oder ist es ein klares, glitzerndes Wasser, das den Blick bis auf den Grund gewährt? Ist es ein ruhiges oder ein stürmisches Gewässer? Ein Fluss? Eine Flut oder gar eine Sintflut? Für C. G. Jung war das Wasser ein lebendiges Symbol des Unterbewussten, das unseren Seelenzustand widerspiegelt. Nach seiner Auffassung deutet ein ruhiges, klares Wasser auf einen ausgeglichenen Seelenzustand, während ein trübes oder stürmisches auf eine Gefährdung des Gefühlslebens hinweist.

Ein Stein, der im Bach liegt, bildet einen Widerstand gegen das auf sich zufließende Wasser. Das Wasser muss ihm ausweichen und findet sich erst weiter bachabwärts wieder zusammen. Hinter dem Stein bild sich ein „Totwasserraum", das Wasser ist dort ganz ruhig. Hier sind Kräfte in eine Balance gekommen. Aus der Bewegung geht das Ruhende hervor.

Von den Steinen können wir lernen, dass man sich dem Strom des Lebens anvertrauen und nicht gegen ihn schwimmen soll. Wer das Wasser achtet und liebt, der wird vielleicht spüren, dass ihm auch Liebe zurückgegeben wird – vom Wasser. Alles fließt, war die aus dem Wasser geborene Einsicht Heraklits.

Nichts im Leben ist festgeschrieben, alles wandelt sich ständig. Nur die Menschen versuchen sich an Sicherheiten festzuklammern. Wandel schafft neues Leben. Alles andere teilt.

*

Legen Sie Ihren Stein ins Wasser und beobachten Sie, wie das Wasser reagiert.
Werfen Sie ihn ins Wasser, lassen sie ihn hüpfen, springen und tanzen.
Fragen Sie sich selbst: Gibt es etwas in Ihrem Leben, das wieder zum Fließen kommen sollte?

Element Feuer

Am Anfang war nicht das Wort, sondern das Feuer, würde der Stein sagen. Er weiß, ohne Feuer käme nichts in Gang. Sein Innenleben ist Materie und Feuerkraft. Er kennt die heißen Regionen der Erdkruste, die Kraft eines speienden Vulkanausbruchs und die Hitze des „Magmaherdes", die ihn aufgeschmolzen und umgewandelt hat. Die Indianer sprechen ehrfürchtig vom Großvater Feuer als Symbol von Energie und Kraft. Im Gegensatz zur Erde, die fest und sinnlich ist, kennt das Feuer keine bestimmte Form. Es entzündet und verzehrt sich und lässt sich kaum einfangen. Es strebt nach oben, ist Leidenschaft und erweckt die entsprechenden Energien in uns. Feuerenergie hilft uns, mit unserer Kraft und Energie in Verbindung zu kommen. Sie dient dem Ausdruck unserer Empfindungen – Wut, Begeisterung, Traurigkeit, Hass, Liebe, Spontaneität.

Im Feuerelement geht es um das Tun und den tatkräftigen Einsatz für ein Ziel, nicht nur um das Nachdenken oder Planen, was man tun könnte. Ohne Feuer würden wir uns nur schwer für etwas begeistern können. Wer sich mit Überzeugung für Ideen einsetzt, braucht die Begeisterungsfähigkeit und die Willensstärke des Feuers, ebenso der Sportler, der sich mit Ausdauer auf dem Spielfeld austobt.

Überbleibsel jener früh angelegten Faszination für das Feuer glimmen noch heute nach als ewiges Licht in Kirchen und Klöstern. Wenn wir abends bei Kerzenschein unseren Wein genießen oder stundenlang, ohne zu denken, ins lodernde Kaminfeuer starren, wenn wir am Lagerfeuer unsere Kartoffeln rösten, flackert vielleicht noch eine Ahnung davon auf, wie segensreich dieses Element doch sein kann.

Feuer ist Licht und wärmt, aber wehe, es gerät außer Kontrolle. Statt der Herdplatte brennt dann das ganze Haus. Es wird unerträglich heiß und stickig. Das Feuer verwandelt sich in seinen Schatten und wird unersättlich und vernichtend zum berechtigten Grausen aller. Das Zuviel an Hitze und Energie verwandelt sich in Dunkelheit und Zerstörung. Aus Wärme und Liebe wird Gewalt, aus Leben wird Tod.

Feuer will genährt und sorgsam gehütet werden. Es darf weder verlöschen noch zu kräftig angeheizt werden, denn sonst wird die heilige Flamme plötzlich zur Höllenglut – ihr Segen wird zum Fluch. Auch wir müssen lernen, uns selbst unsere Grenzen zu setzen. Manche weigern sich, Grenzen anzuerkennen, weil sie um ihre Freiheit bangen und Angst haben, ihre Kreativität könnte geschmälert werden. Grenzen sind aber nicht dazu da, uns zu beengen, sondern sie sorgen dafür, dass wir nicht verbrennen oder vom Weg abkommen. In der von Steinen umgebenen Feuerstelle konzentriert sich das Feuer und brennt noch stärker, weil es in Grenzen gehalten wird.

Ungesättigt immer auf der Suche, unruhig, glühend und sich verzehrend, lodert in uns das Feuer mal mehr oder weniger heftig. Was uns begeistert, wofür wir uns entschieden einsetzen, wird zur Glut. Was wir vernachlässigen, verkümmern lassen, wird zur Kohle. Wir können gefährliche Feuer entzünden in uns selbst und in anderen, wenn wir im Selbsthass oder im Streit entflammen. Wir können herrlich leuchten oder unruhig flackern. Aber so lange wir leben, sind wir Flammen. Es gibt ein paar Fragen, die uns mit unserem Feuer in Kontakt bringen: Wofür brenne ich zur Zeit? Wie trete ich in Aktion? Was begeistert mich? Kann ich Grenzen und Prioritäten setzen? Setze ich mich für Ziele ein? Kann ich Feuer löschen? Wie nähre und hüte ich mein Feuer? Beherrsche ich mein Feuer oder beherrscht es mich?

*

Benötigen Sie Feuerenergie?
Reiben Sie Ihren Körper mit Ihrem Stein ab.
Gibt es ein paar Stellen, die es besonders nötig haben?

Element Luft

Fragt man den Stein, was Luft ist, so wird er antworten: mit allem verbunden sein. Das Lebenselixier Luft sieht man zwar nicht, aber wenn sie fehlt, geraten wir in Panik und Hilflosigkeit. Ohne Luft wäre unsere Welt stumm und öde. Luft steht unserer Seele am nächsten, davon zeugt auch das indische Wort „Mahatma", das nicht nur „große Seele", sondern auch „großer Atem" bedeutet. Atmend sind wir mit allen anderen Lebewesen verbunden. Die Luft zeigt uns unseren Platz im Universum. Ohne sie hätten sich keine Pflanzen, Tiere und damit auch keine Menschen entwickeln können. Und es gäbe keine Musik. Denn schließlich sind es Luftschwingungen, die die Klänge und Töne eines Instruments an das Ohr des Menschen tragen.

Im Luftelement zu Hause zu sein, heißt leicht werden. Nichts ist fest, Geist, Herz und Körper sind unbeschwert. Zwei Geigen spielen in diesem Element zum Tanz auf: der Geist und die Vorstellungskraft. Wir sind ganz und gar eingestimmt, Körper, Herz und Verstand wirken zusammen und sind mit allem verbunden. Wir sind flexibel und offen für die Botschaften, die uns die Intuition zusteckt. Unsere Phantasie ist grenzenlos und selbst der trägste Geist wird unweigerlich in Bewegung gesetzt. Im Luftelement wird uns bewusst, dass wir nicht festgelegt sind, wir dürfen unsere Flügel ausbreiten und fliegen, weil uns alle Möglichkeiten offen stehen. Die Vorstellungskraft ebnet der Wirklichkeit Wege, und wir können darauf vertrauen, dass selbst die ausgefallensten Ideen ihre Wurzeln im fruchtbaren Boden unserer intuitiven Intelligenz haben.

Die Vorstellungskraft hat aber auch ihre Schattenseite, wenn sie nicht geerdet ist. Anders als Vögel können wir uns in der Luft nicht frei bewegen, wir brauchen die Erde zum Stand und zur Orientierung. Ebenso unsere Phantasie und unsere Vorstellungskraft. Wir leben von und sterben an unseren Vorstellungen. Wenn wir den Kontakt zu unserem Körper, unserem Herzen und zum Verstand verlieren, abheben und uns in luftige Höhen versteigen, dann laufen wir Gefahr, uns abzutrennen von der Wirklichkeit und dem, was uns mit anderen verbindet. Wir sind zerstreut oder fliegen davon in eine Welt, in der wir wie ein einsamer Vogel nur noch um uns selbst kreisen.

Ähnlich wie das Feuer kann Luft unglaubliche Kräfte entwickeln, die auch zerstörerisch wirken können. Wirbelstürme, Tornados, Hurrikans und Taifune zeugen von gewaltsamen Angriffen und hinreißender Gewalt, die in vieler Hinsicht auch auf das Verhalten und die Gefühlserfahrungen von Menschen anzuwenden sind. Wir sprechen vom Sturm der Gefühle, von der Raserei des Wahnsinnigen oder vom Orkan der Leidenschaften.

Luftmenschen erkennt man daran, dass sie immer voller Ideen stecken. Sie sind neugierig, beweglich und immer unterwegs. In ihnen lebt die Ursehnsucht des Menschen nach Befreiung und Überwindung von Erde und Raum. Wer überall zu Hause ist, kann aber auch heimatlos sein. Die Erfahrung der Einsamkeit oder der Orientierungslosigkeit wie auch das Gefühl des Getragenseins gehört zum Repertoire des Luftwesens. In der Luft gibt es keine Orientierung, deswegen wurde sie von Paracelsus mit Chaos identifiziert. Wer sich der Luft anvertraut, verlässt seine festgelegten Orientierungen.

Erdig, wässrig, feurig und luftig zu sein, heißt anzuerkennen, dass diese Elemente in uns wirken. Das Wissen um die Elemente und ihre unterschiedliche Gewichtung und Ausprägung kann helfen, andere Menschen besser zu erfassen und zu verstehen. Und vor allem: zu akzeptieren, dass sie anders sind. Oft spricht uns gerade das im anderen an, was in uns selbst ein wenig zu kurz kommt. Ob es nun mehr Luft in Form von Flexibilität ist, mehr Feuer in Form von Begeisterungsfähigkeit, mehr Wasser in Form von Gefühlstiefe oder mehr Erde in Form von Umsetzungskraft, warum sollten wir uns nicht gegenseitig anstecken lassen?

*

Wenn Sie sich allein und abgetrennt fühlen von den anderen – berühren Sie Ihren Stein. Sie werden sich verbunden fühlen mit der Welt und sich selbst.

Formen der Steine

■ ■ ■

Was geschieht, wenn wir uns auf die verschiedenen Formen der Steine einlassen? So vielfältig wie ihre Entstehung sind auch die Formen der Steine. Hier geht es nicht um das Benennen und Klassifizieren, sondern um das Moment der Begegnung mit den verschiedenen Formen. Das gilt es auszukosten, um zu verstehen, was sich dabei abspielt, wenn wir die verschiedenen Arten der Formgebung auf uns wirken lassen. Was kommt uns entgegen? Was ist unsere eigene Resonanz, wenn wir uns in andere Weisen der Existenz einfühlen?

Jeder Stein ist anders als der nächste. Jeder ist einzigartig und spricht für sich. Dennoch gibt es etwas, das alle Steine miteinander verbindet. Was ist das Eigene, was das Verbindende? Diese Frage müssen auch wir uns stellen. Was bedeutet es, eigen zu sein? Welche Art von Eigenheit ist positiv und sinnvoll, welche nicht? Manchmal ist es uns nicht bewusst, dass wir in einem Prozess der Selbstentfaltung stehen. Wir fühlen uns so gewöhnlich, banal oder blockiert, aber tatsächlich sind wir jeder auf unsere eigene Art besonders. Aber um unsere Eigenheit zu finden, müssen wir uns auf den Weg machen, unsere bequemen Nischen verlassen und die vertrauten Zelte abbrechen. Selbst der längste Umweg ist immer noch der kürzeste Weg, der zum eigenen Wesen führt. In diesem Sinn verstehe ich Eigenheit: zu wissen, wer man selbst ist, die eigenen Gefühle kennen lernen, sich als eigenständig begreifen.

Wenn wir das Eigene finden wollen, brauchen wir den Raum für eigene Entdeckungen. Orte, an denen unsere eigenen Sinne gebraucht werden und wertvoll sind. Den Schatz, den wir in der Ferne oder in der Abkehr suchen, ist in uns selbst, im verborgenen Winkel unseres Herzens zu finden. Diese Erkenntnis wartet aber erst am Ende des Weges, nachdem wir aufgebrochen und fortgegangen sind, auf uns.

Es gibt Nester, Oasen, Kreise, Gruppen, von denen man fortgehen muss, wenn man seinen eigenen Weg gehen will. Man kann sich vertreiben lassen oder besser sich selbst lösen und abnabeln. Auch wenn diese Tank- und Futterstellen noch so angenehm und verlockend sind, weil sie einem das Gefühl des Dazugehörens oder des Erwünschtseins vermitteln, können sie doch vom eigenen Weg abbringen. Der Weg zum Einssein mit sich selbst heißt nicht Isolierung oder Absonderung, sondern Abgrenzung. Eigensinn entwickeln geschieht nicht durch Abwertung oder Ausgrenzung anderer. Wer aus der Eigenbewegung leben lernt, entdeckt andere viel deutlicher in ihrer Eigenheit und kann sich ihnen nahe fühlen, weil er sich selbst nahe ist. Nur wer sich selbst nahe gekommen ist, kann sich in andere einfühlen und offen für die Individualität anderer sein. Es scheint vielleicht paradox, aber die Entdeckung des Eigensinns und die Treue zu sich selbst verbinden, obwohl sie abgrenzen. Der Stein in der Hand soll uns an die Reise erinnern, die wir unternehmen, um den Schatz, der in unserem Leben vergraben ist, zu finden. Jeder ist sein eigener Stein. Jeder ist einzigartig.

*

In welchen Situationen entsteht in Ihnen das Gefühl: „Ich bin einzigartig."

Rund

Ich nehme meinen Stein in die Hand und betrachte ihn. Ich drehe und wende ihn. Er erscheint perfekt geformt. Er ist rund und glatt. Seine glatte Oberfläche ist nur eine äußerliche, denn ich spüre, dass sein Inneres durchdrungen ist von unendlich vielen Schichten von Erfahrungen. Er hat eine unendlich weite

Reise hinter sich, bevor er in meiner Hand landete. Er kennt die Elemente, die Jahreszeiten, die Trockenheit und die Überflutung, die Dinosaurier und die Höhlenmenschen, den Krieg und den Frieden, die Isolation und die Verbindung, die Wüste und die Fruchtbarkeit. Er hat sich eingefügt, er hat widerstanden. All diese Erfahrungen haben ihn wohl geformt und gerundet. So ist er fest und ganz geworden. In der Sprache der Erwachsenen würde man sagen, er ruht in sich selbst.

Auch wir werden „gerundet" durch die Jahreszeiten, Lebensphasen, kurzen Komödien, langen Tragödien, Krankheiten, Feste, Abschiede. Nicht das endlose Glück, das ungehinderte Vorangehen, das ungestörte Gedeihen, sondern auch die Trauer, der Abbruch, der Abschied und unsere Reaktionen darauf entscheiden, ob unser Schicksal ein rundes wird. Alles hängt davon ab, wie geschickt wir mit diesen antagonistischen Mächten umgehen. In jeder Lebensphase kommt uns Unbekanntes entgegen: in der Kindheit die Welt, in der Pubertät die Sexualität, im Erwachsenenalter die Sterblichkeit.

Rund werden ist das Abenteuer, in jeder Phase mit dem Unbekannten zurechtzukommen. Zuerst tritt es in das Bewusstsein ein, dann wird es zur Sache der eigenen Zustimmung. Wenn man dem Unbekannten zustimmt, dann verliert es seinen Schrecken. Der Weg vom Bewusstsein zur Zustimmung ist ein steiniger Weg. Er wird menschlich, wenn man nicht allein ist und andere Menschen hat, in denen man sich selbst erkennen kann. Wenn man einem Kind die Welt mit den Augen eines Geschichtenerzählers vertraut macht, so sieht es zwar die Welt mit ihrer Rätselhaftigkeit, Unberechenbarkeit und Gefährlichkeit, aber es empfindet sie als menschlich und vertraut. Als Erwachsener sieht man, dass die Menschen und die Dinge ihre Zeit haben und dass Leben nur in der Beschränkung möglich ist, die sich den Zeitgesetzen der Entfaltung und Reifung anmisst. Rund werden heißt, am Leben teilnehmen, Entwicklungen zulassen, Einschnitte wahrnehmen, Neuanfänge ermöglichen und der Versuchung von Abkürzungen widerstehen und nichts übers Knie brechen wollen, denn was man gebrochen hat, das ist entzwei oder zerstört.

Genauso wie der Stein, geschickt und auf manchen Umwegen in Mulden und Täler getragen, wo er sich erst einmal zur Ruhe legt, steht es auch in der Macht der Erwachsenen, Gefühlsstürme und Überschwemmungen durch die Einrichtung eines verzweigten Netzes von Auffangbecken und Fangnetzen in belebende Lebenskraft zu verwandeln. Das Zurückhalten von Kräften und Gefühlen wäre ein Beispiel für das Gegenteil von Abrundung: nämlich allein durch willentliche Beherrschung den vitalen Elan der Lebenskraft zu unterdrücken. Wird auf diese Art gelebt, so entsteht nicht Abrundung, sondern entfremdetes, zersplittertes Leben, dessen Schatten sich mit der Zeit auch im Gesicht als Spur festmacht. Abrundung ist erfüllt, wenn man sich seinen Weg hindurch zur Zustimmung bahnt. Wenn sie gelingt, dann wird all das, was einem widerfährt, ein Teil der eigenen Menschlichkeit. Es verliert seine beängstigende Qualität und seine Ungewissheit.

Der runde Stein erinnert aber noch an ein anderes Lebensprinzip. Rund sein ist die Bereitschaft, das abzuschließen, was man begonnen hat. Dies erfordert, dass man seine Vereinbarungen mit sich selbst und anderen umsetzt und einhält. Ein „runder" Mensch ist in der Lage, einen bestimmten Kernbestand an Plänen und Verpflichtungen zu wahren, denn dadurch wird er identifizierbar. Diese Haltung trägt wesentlich dazu bei, dass er gerade der Mensch ist, der er ist, und nicht ein anderer. Gerade im Kleinen und Alltäglichen zeigt sich, dass all die Dinge, die wir abbrechen – das ungewaschene Geschirr, die unaufgeräumte Schublade, die unbeantworteten Briefe –, mit uns leben, bis wir sie vervollständigt haben. Es entspricht der Natur des Lebens, nach Abrundung zu verlangen.

Der runde Stein erinnert daran, jede eingeschlagene Runde zu vollenden. Indem man etwas vervollständigt und abrundet, wird man selbst zu einer ganzen und vollständigen Person. Niemand kann einen dazu zwingen, aber der Preis, den man für Abgebrochenes, Unvollständiges bezahlt, den zahlt man selbst. Geduld, sagt man, sei eine der wichtigsten Tugenden, aber da ohne Geduld kein Weg zu denken ist, so ist Geduld weniger eine Tugend als vielmehr die unerlässliche Voraussetzung dafür, dass wir Aufgaben angehen und Wege beschreiten. Man merkt es den Projekten an, die der Ungeduld entsprungen sind. Sie wirken „unrund", zufällig, vollgestopft oder zusammengestoppelt. Entfaltung und Abrundung kann man fördern und zulassen, aber man darf sich nicht ihrer bemächtigen oder sie zu beschleunigen versuchen. Es ist das Kennzeichen der Geduld, das sie nicht mit der Machbarkeit und der Verfügbarkeit rechnet. Da hat Eile keine Chance, das weiß der Stein.

*

Lassen Sie sich von Ihrem Stein anregen:
Was müsste in Ihrem Leben abgerundet werden? Was wartet auf
Vervollständigung? Tun Sie es.

Kantig

Wenn ich an scharfe Kanten und Ecken denke, kommt mir der Amethyst in den Sinn. In der Antike galt er als Heilmittel gegen die Trunksucht. Er ist der Stein der Realität und der Mäßigung. Seine violette Farbe ist eine Mischung zwischen Rot und Blau, die eine unauflösbare Einheit eingehen. Dieses Gleichgewicht der Farben, die sich miteinander verbinden, um eine neue Farbe zu bilden, erscheint mir wie ein Symbol der Liebe und der Treue. Deswegen gilt der Amethyst auch als der Stein der Liebenden.

Die scharfen Kanten und Strukturen des Amethysten könnten als Botschaft aufgefasst werden, „bis hierhin und nicht weiter". Wer zu den Menschen gehört, die ihre Grenzen eher unterschreiten und sich zu sehr kontrollieren, den mahnt dieser Stein, die Kontrolle zu lockern und sich zu öffnen. Wer aber eher ein

Mensch ist, der Schwierigkeiten mit Struktur und Festigkeit hat, für den könnte dieser Stein eine Anregung sein, die notwendigen Kanten und Strukturen anzuerkennen oder zu schaffen. Die Frage, die man sich stellen kann, lautet: „Bin ich jemand, der zu harte Kanten und Ecken hat, oder eher jemand, der die notwendigen Begrenzungen ablehnt und vermeidet?"

Jede Form braucht ihre eigenen Grenzen, sonst können wir sie weder wahrnehmen noch begreifen. Eine Form aufzulösen oder ihre Grenzen zu übergehen, bedeutet, sie zu zerstören oder zu verändern. Nun gibt es Grenzen und Kanten, die wünschenswert sind, man denke an gewisse Rituale von Mahlzeiten, geselligen Übereinkünften oder Schlafgewohnheiten. Oft wird uns aber bewusst, dass wir unsere Grenzen nicht genau kennen. Wir überschreiten sie und holen uns unweigerlich blaue Flecken oder Verletzungen. Oder wir gewöhnen uns zu schnell an kleinliche Ordnungen, Ecken und zu eng gesetzte Grenzen, die wir längst überwinden könnten. Vor allem im Bereich der Freundschaft und Liebe leben Menschen oft weit unter ihren Möglichkeiten.

Kanten, Winkel und Ecken sind die Choreographie der Kindheit: Grenzen austesten, auf Linien schreiben lernen, in Reih und Glied aufstellen, Spielregeln einhalten, Verbote und Überschreitungen kennen lernen, Wahrheit und Lüge unterscheiden und ihre Konsequenzen ertragen. Dasselbe gilt auch für jeden, der Sport treibt oder ein Instrument übt. Wann immer wir unseren Körper gemäß bestimmter Regeln und Abläufe disziplinieren, setzen wir uns mit Grenzen auseinander und stimmen uns auf die Energie von Festigkeit, Beharrlichkeit und Standhaftigkeit ein. Es sind selbst gewählte Gestaltungen, die man auch unterlassen kann, aber sie formen unseren Leib. Sie zeichnen uns und fügen sich den Gesichtszügen und Gesten zu wie Liebes- oder manchmal auch Leidensgeschichten. Sie geben uns den persönlichen Schliff, der sich wie beim Stein in Harmonie mit uns verbindet. Jeder kann sich selbst prüfen, wo die Nahtstelle ist, an der Festigkeit in Starrheit, Beharrlichkeit in Sturheit und Standhaftigkeit in Zwanghaftigkeit übergehen. Auch auf der Beziehungsebene gibt es die Situation, wo gemeinsame Absprachen und loyales Verhalten und Verständigung in Kontrolle und Beherrschung umschlagen. Wir brauchen beides, die Kanten und die Rundungen. Das Kantige braucht die Erdung im Runden, sonst werden wir zu hart und unnachgiebig. Schließlich gehen wir mit anderen so um, wie wir mit uns selbst umgehen. Sind wir zu hart, eckig, kantig oder zu weich, nachgiebig, gutmütig, oder pendeln wir zwischen beiden Polen hin und her?

*

Besitzt Ihr Stein Ecken und Kanten? Woran erinnern sie Sie?
Gibt es Kanten in Ihrem Leben, die ein wenig weicher werden müssten?
Oder hat Ihr Leben zu wenig Ecken und Kanten?

Spiralig

Zu manchen Formen finden wir einen Zugang, der uns besonders berührt. Die Spirale ist eine Form, die deshalb fasziniert, weil sie in uns eine Ahnung unserer innersten Wirklichkeit und Wahrheit erweckt.

Die Form der Spirale finden wir besonders schön ausgeprägt im Ammonit. Dieses Fossil ist ein aus dem Boden ausgegrabener versteinerter Überrest von abgestorbenen Lebewesen, von Pflanzen oder Tieren, die sich in Stein verwandelt haben. Der Ammonit gehört zu den versteinerten Kopffüßlern, ähnlich unseren heutigen Schnecken. Sein spiralförmiges Schneckengehäuse kann bis zu zwei Meter Durchmesser umfassen und gleicht einer geschwungenen Linie, die sich immer mehr einer Mitte nähert, ohne sie je zu erreichen. Diese ständige Annäherung und sein gegenläufiger Weg ist auch das, was wir Menschen in uns tragen. Unser Selbst, unsere Lebendigkeit, Liebesfähigkeit, Schöpferkraft, die wir besitzen, sie alle unterliegen dieser spiraligen Bewegung, die uns von der Mitte wegtreibt und wieder zu ihr hinzieht, um uns immer mehr unserer eigenen Mitte anzunähern. Die größte Überraschung in unserem Leben ist hier abgebildet. Wir gehen zwar vorwärts, aber wir gehen in Spiralen. Nach jeder Runde wird unsere Weltsicht ein wenig weiter, und immer wenn wir denken, wir seien angekommen, realisieren wir, dass dieser Weg nur die Vorbereitung war, um eine neue Runde zu beginnen. C. G. Jung spricht von der Erfahrung unseres Selbst, dem wir uns nur kreisförmig annähern können. Und Plato glaubte, dass die menschliche Seele ein Kreis sei. Wenn das zutrifft, wieso sollte unser Weg dann linear verlaufen und nicht kreisförmig?

In der Spirale zeigt sich eine Urform, die sich im Großen wie auch im Kleinsten offenbart. Die Galaxien drehen sich in der Form einer Spirale, und unsere Erbanlage, die DNS, ist ebenfalls spiralförmig aufgebaut. Selbst im Alltäglichen können wir etwas von der Wirkung spiralförmigen Lebens erleben. Man braucht nur an Tage denken, an denen man sich blockiert und festgefahren fühlt. Allein die Frage: „Was muss ich beachten, um weiterzukommen?" führt mitunter zu aufschlussreichen Entdeckungen. Man hat sich zuviel aufgeladen, wieder einmal nicht „Nein" sagen können, sich keine Ruhepause gegönnt, Dinge verlegt, statt sie einzuordnen. Mit der Zeit spürt man immer deutlicher, wenn man keine Harmonie in die täglichen kleinen Runden bringt, fällt man aus der Mitte dieses kreisförmigen Lebensprozesses und muss wieder von vorn beginnen. Also fängt man wieder an, beispielsweise indem man Dankbarkeit zu einem aktiven Bestandteil des Alltags macht, indem man die täglichen Runden einfach einhält, nach innen lauscht und die Momente des Innehaltens achtet.

Die Form des Ammoniten erinnert an verschiedene Ein- und Ausstülpungen des menschlichen Inneren: die Windungen des Gehirns, der Verdauungsorgane und ganz besonders an ein Sinnesorgan, mit dem wir etwas vom Inneren der Dinge wahrnehmen können – die Gehörschnecke unseres Innenohres. Sie gehört zu unseren sensibelsten Organen überhaupt. Als zartes Gebilde lagert sie, von Flüssigkeit umgeben, in einer Felsenhöhle von hartem Gestein, wie eine gewundene Schnecke, die die harte Substanz zu ihrem Schutz um sich herum ausgesondert hat. Der Ammonit, die Gehörschnecke – beide rufen nach einer Bewegung nach innen. Die Spirale als Tor, um die Welt von innen her zu verstehen.

*

Nehmen Sie Ihren Stein in die Hand als Aufforderung zur Stille. Werden Sie ganz still und lauschen Sie nach innen. Wie klingt es da?
Hören Sie das Auf und Ab Ihres Atems? Das Rauschen des Blutes? Die Bewegungen des Darmes?

Wellig

Vor mir liegen einige graue, flache Schiefer, deren Flächen ganz unterschiedlich sind. Manche sind eben, andere sind körnig, und ganz besonders sprechen mich die Schiefer mit den welligen Flächen an. Sie erzählen einiges über den Stein, seine Art, seine Existenz und seine Beziehung zu den Elementen. Goethe fasste das ganze Leben in das Bild einer Welle. In „Grenzen der Menschheit" sagt er: „Uns hebt die Welle, verschlingt die Welle, und wir versinken." Das Auf und Ab der Welle spielt auch im Alltag eine Rolle. Sprechen wir nicht von unverhofften Wellen des Glücks, Liebeswogen, Drogenwellen, Modewellen? Wir hoffen, dass Diskussionen nicht zu hohe Wellen schlagen. Und viele beneiden diejenigen, die Wellen im Haar haben. Auch das Baden im Meer ist mehr als nur Erfrischung. Wir genießen die Schwingungen des Wassers, lassen uns durch die Wogen gleiten, wiegen und schaukeln lustvoll im Spiel der streichelnden Wellen.

In jedem Bach, jedem Fluss, See oder Meer und auch im Stein ist sie zu beobachten – die Welle. Die Welle enthält einen Schlüssel zum gesamten schöpferischen Prozess, ob es sich nun um das Gebären, ein Kunstwerk, ein Gemälde, ein Festmahl oder einen Liebesakt handelt. Selbst im Rhythmus unseres alltäglichen Lebens können wir etwas davon ablesen, wie alles, was wir tun, in Wellen abläuft. Wir beginnen ein Vorhaben damit, Ideen zu sammeln, darüber nachzudenken und zu grübeln, wir wenden es hin und her und nehmen es vielleicht sogar mit in den Schlaf, um es dort weiter zu wälzen. Langsam sickert es in uns ein und beginnt sich zu formen. Wir setzen unsere Kräfte ein, geben ihnen Ausdruck in Form und Gestaltung, so dass sie eine Richtung bekommen. Am Ende, wenn wir das fertige Werk betrachten, kommt das große Aufatmen. Wir haben es geschafft, die Ruhe der Erleichterung tritt ein. Die Welle ist an der Küste angekommen.

In der Welle zeigt sich etwas, was uns das Wasser am eindrücklichsten zeigt. Jeder Stein im Bach, jeder Lufthauch, der über ein Wasser streicht, wird sofort vom Wasser mit einer rhythmischen Bewegung beantwortet. Anders gesagt: Jeder Eindruck wird sofort zum Ausdruck. So beeindruckbar wie das Wasser, das selbst die kleinsten Stöße wahrnimmt und sofort zu einem rhythmischen Ausgleich bringt, zeigen sich auch die pausenlosen Vorgänge im menschlichen Körper wie beispielsweise im Blutkreislauf oder in den Wellenbewegungen des Darmes. Ganz besonders ausgeprägt findet sich dieser Vorgang beim Hören, wo die verschiedenen Wellen der tiefen Töne und die kurzen, schnellen Rhythmen der hohen Töne aussortiert werden. Das große Bild vom Ozean wird hier im Kleinen nachgebildet: Die großen Wellen überholen die kleineren und treffen an fernen Küsten an, während die kleinen nach kurzer Strecke schon abgeklungen sind. Aus diesen Wellenbewegungen baut der Mensch seinen Leib bis in den Stoffwechsel hinein. Würden sie aufhören, so wäre das Leben des betreffenden Organismus in Lebensgefahr.

Wellen lehren uns, dass das Leben Energie in Bewegung ist. Sie zeigen uns, dass wir beeindruckbar sind und dass jeder Eindruck nach Ausdruck verlangt. Sie befreien uns von starren Ideen, wie Menschen, Dinge oder Situationen zu sein haben. Sie sind unsere Lehrer, die uns unablässig vor Augen führen, dass es nichts festzuhalten gibt. Alles kommt und alles geht. Deswegen zeigen uns die Wellen auch unsere Vergänglichkeit, vor der alle Erscheinungen dieser Welt sich relativieren.

Schließlich sind Wellen unsere besten Gefährten in Lebenslagen, wo wir nicht mehr weiter wissen, wo wir stecken geblieben oder verzweifelt sind, denn ihre unüberhörbare Botschaft lautet: Habe Vertrauen in die Wellen des Lebens. Vertraue den eigenen Wellen der Belastbarkeit und der Befreiung. Es gibt eine Kraft, die immer weiter trägt.

*

Lassen Sie Ihren Stein über das Wasser tanzen und beobachten Sie die Kreise und Wellen. Vielleicht mögen Sie sich selbst dazu bewegen – wie eine Welle.

Magie der Steine

■ ■ ■

Der Glaube an die magische Kraft der Steine ist so alt wie der Glaube an die Kraft der Pflanzenheilmittel. Die Steine kommen aus der Tiefe der Erde und gelten als unvergänglich. Das machte sie über Jahrhunderte als wirksame Zaubermittel wie beispielsweise Amulette, Talismane oder Fetische besonders geeignet. Schon seit den ersten Anfängen in der Altsteinzeit wurde empfunden, dass Steinen eine gewisse Kraft innewohnt. Man stellte Steine auf, um heilige Plätze zu markieren, wo der Geist durch Rituale zugänglich wurde.

Die Magie der Steine hat viele Quellen. Neben den Formen spielen vor allem die Farben eine wesentliche Rolle, aber auch die Ableitung ihrer Kraft aus dem Lauf der Gestirne – eine Vorstellung, die in den alten Orient weist. Jedem Planeten wurden bestimmte Steine zugeordnet, die eine Übereinstimmung mit den Farben der betreffenden Gestirne hatten. Zur Sonne gehörte der gelbe Hyazinth, zum Mars der rote Jaspis, zum Saturn der schwarze Onyx und zum blauen Jupiter der Saphir und der violette Amethyst. Man glaubte die Kräfte der Himmelskörper dadurch anzuziehen, dass man Steine sammelte, die unter den betreffenden Stern gehörten. Ähnliches zieht Ähnliches an – nach dieser Logik empfand man Edelsteine, die auch nachts lebhaft funkelten, wie etwa der Sonnenstein oder der Karfunkel, als Produkte der Sonnenstrahlen.

Steine haben eine Ausstrahlung, das lässt sich nicht bestreiten. Die Erkenntnis, dass sie ureigene Kräfte besitzen und durch ihre spezifische Strahlung Energien aktivieren und den menschlichen Organismus beeinflussen können, ist nicht erst in unserer Zeit entdeckt worden. Was heute als Mode daherkommt, geht zurück auf Funde aus der Jungsteinzeit vor etwa 10 000 Jahren, die darauf hinweisen, dass ihr Gebrauch als Werkzeuge und bei kultischen Handlungen durchaus üblich war. Bei allen Naturvölkern wurden seit jeher Steine eingesetzt für Heilungen, Meditationen und Zeremonien.

Von der therapeutischen Kraft der Steine waren nicht nur Schamanen und Medizinmänner und -frauen überzeugt, sondern auch Ärzte an den Höfen antiker Staaten und so genannter Hochkulturen. Die Einsicht, dass Steinen Heilkraft innewohnt und dass ihre Strahlungen Energien aktivieren und den Menschen beeinflussen können, ist also keineswegs neu. Grabfunde aus Ägypten, China, Mesopotamien deuten sogar darauf hin, dass Amulette, die mit Edelsteinen bestückt waren, auch im Jenseits vor Krankheiten schützen sollten. In der medizinischen Literatur des Mittelalters lassen sich zahlreiche Rezepte und Einsichten über die Wirkung der Steine finden. Hildegard von Bingen und Albertus Magnus, um die zwei wichtigsten Repräsentanten zu nennen, beschreiben, wie das Tragen oder Auflegen von Edelsteinen Krankheiten verhindere und heile, wie Unglück ferngehalten und die inneren Kräfte durch das rechte Platzieren der Steine gestärkt werden können. Bis ins 18. Jahrhundert bereiteten die Apotheker in Deutschland in Zusammenarbeit mit Ärzten den so genannten „Theriak", eine Rezeptur, die hauptsächlich aus dem Pulver verschiedener Steine bestand. Poliert, pulverisiert und unbearbeitet galten Edelsteine als Medikament – eine Vorstellung, die heute auf Widerstand stoßen würde. Allerdings gibt es ein paar Ausnahmen. Beispielsweise die Mineralsalze Calcium und Magnesiumphosphat, die heute vor allem bei Sportlern zum Ausgleich von Mangelerscheinungen weit verbreitet sind. Ebenso wie der Einsatz von Gold und Platin, die bei Chemotherapien ihren Stellenwert haben. Auch die Chirurgie wäre undenkbar ohne die Rubinen, die einen wichtigen Bestandteil der Festlaserkörper bilden.

Neu in unserer Zeit ist die Konsumhaltung, mit der man sich dieser uralten Heilmethode bedient. Sie ist losgelöst von Ritua-

len und gelebtem Wissen. Je nach Bedürfnis und Kurzbeschrei-
bung wird rasch der passende Heilstein aufgelegt, in die Hosentasche gesteckt, unter das Kopfkissen gelegt, neben den Computer oder auf den Küchentisch. Sich darauf einzulassen und
sorgfältig damit umzugehen, dazu fehlt den meisten die nötige
Zeit und Geduld.

Eines ist unbestreitbar: Steine und vor allem die Edelsteine
stehen in enger Beziehung zum menschlichen Körper. Auch
wenn es noch nicht genügend erforscht ist, so weiß man zumindest, dass jeder Körper, jeder Organismus, jede Materie eine
Ausstrahlung besitzt. Wir selbst und alles um uns herum sind
ständig von einem energetischen Feld umgeben, daher stehen
wir mit allem in einem energetischen Austausch. Widerlegen
lässt sich wohl kaum, dass Steine eine Ausstrahlungskraft haben. Ob ihre Strahlkraft auch heilende Wirkung hat, darüber ist
man sich bis heute uneinig. Man muss daran glauben, sagen die
Spötter. Man erfährt es, wenn man sich darauf einlässt, sagen die
Vertreter therapeutischer Edelsteinpraxis.

*

*Gibt es einen Stein, der Sie besonders anspricht? Tragen Sie ihn
bei sich oder in Ihrem Bett, vielleicht hat er heilende Wirkung für
Sie.*

Ein Stein als Beistand

Manche Menschen entwickeln eine enge Beziehung zu Steinen.
Steine können anregen, sich selbst zu vergewissern, sich in der
eigenen Lebensgeschichte zu finden. C. G. Jung spürte diese
Macht der Steine in seinem eigenen Leben immer wieder. So erzählt er, wie er vom siebten bis zum neunten Lebensjahr ein
Spiel in einer kleine Höhle erfand, bei dem er versuchte, ein
ständiges Feuer am Leben zu halten. Davor befand sich ein

großer Stein, auf dem er oft saß und dachte: „Bin ich der, der auf dem Stein sitzt, oder bin ich der Stein, auf dem er sitzt?"* Die Frage faszinierte ihn, und die Antwort war zweideutig. Ein Rätsel, über das er stundenlang nachdachte. Denn der Stein lebt ewig. Er wird auch den Jungen überleben. Ist der Junge jedoch der Stein, überlebt er den menschlichen Körper. Mit anderen Worten: Die Gedanken des Jungen über den Stein waren Meditationen einer Seele, der er zwar noch keinen Namen geben konnte, die aber auf eine Entdeckung wartete, der C. G. Jung sein späteres Leben widmete. Immer gab es diese geheime Verbindung mit seinem Stein, die ihn auch dreißig Jahre später einholte, als er diesen Stein wieder besuchte.

Im Alter von zehn Jahren, so erinnert sich Jung, war er mit sich und der Welt uneins und erlebte heftige innere Kämpfe. Da schnitzte er in das Ende eines Holzlineals ein Männchen und tat es zusammen mit einem glatten, länglichen Rheinkiesel. Sorgsam versteckte er beides unter dem Dachstuhl und fühlte sich nun vor aller Beunruhigung und Pein sicher. Wie einen inneren Beistand erlebte er dieses Männchen mit dem Stein. Dieses Erlebnis und Tun lässt sich durchaus unter den Aspekt der „Entdeckung der Seele" fassen.

Besonders in der Zeit der frühen Kindheit geschehen solche prägenden Ereignisse. Es ist die Zeit, in der Vertrauen aufgebaut wird, auch Vertrauen zur Erde. Doch auch im Alter können Steine wichtig werden. Diese Einsicht verdanken wir ebenfalls C. G. Jung. Für ihn waren Wort und Papier nicht real genug. Er musste seine Gedanken und sein Wissen in Stein zur Darstellung bringen. Sein erstes Zeugnis war ein runder Turm in Bollingen am oberen Zürcher See, der für ihn zu einem Ort der Reifung wurde „... ein Mutterschoß, oder eine mütterliche Gestalt, in der ich wieder sein konnte, wie ich bin, war und sein werde." Der Turm gab ihm das Gefühl, wie wenn er im Stein wiedergeboren

---

* Jung, C. G., Erinnerungen, Träume, Gedanken. Hg. A. Jaffé. Olten 1982, S. 26

wäre. Er fühlte sich mit allem, was darin im Lauf der Zeit geworden und gewachsen war, zutiefst verbunden. Die Stille, die ihn dort umgab, ließ Gedanken in ihm entstehen, die Jahrhunderte zurückreichen und ferne Zukunft vorwegnehmen.

Es gibt zu denken, dass Jung die Tiefe der Beziehung zu den Steinen im Alter derart stark empfand. Darin liegt ein Stück Weitung der Lebenswelt. Der alte Mensch, der nicht nur sein eigenes Wohlergehen und seine Bedürfnisse sieht, der Beziehung zu den Dingen aufnimmt, wächst weiter. Sein Selbst dehnt sich aus, wird umfassender, bis es keine Grenzen mehr zwischen dem Selbst und der Erde gibt. So verliert auch der Tod seinen Schrecken. Wer Verbindung zur Erde hat, muss den Tod nicht fürchten. Er geht dorthin zurück, woher er kommt. Am Schluss bleibt dann nur noch „Danke", wie ein Gast seinem Gastgeber dankt.

*

Wann immer Sie Trost brauchen, nehmen Sie Ihren Stein und drücken Sie ihn an Ihr Herz. Spüren Sie, wie wohltuend und tröstlich Ihr Stein sein kann?

Mit Steinen spielen

Kinder spielen gern mit Steinen. Das war schon immer so, denn Steine gibt es fast überall und vor allem – sie kosten nichts. Aber Erwachsene tun es auch. Steine strahlen Ruhe, Festigkeit und Geborgenheit aus. Dies macht sie besonders in unserer stressgeplagten Zeit geeignet, sich in ihrer Gegenwart zu entspannen, zu beruhigen und den Gedanken freien Lauf zu lassen. Ein älterer Steinsammler meinte: „Ich sehe nicht nur die Verbundenheit zu den Steinen, ich fühle sie, und ich erlebe sie durch meine Empfindungen. Mich interessiert das Alltägliche. Und die Steine gehören zu den alltäglichen Dingen, die aber eine tiefere Bedeutung haben. Ich habe schon viele Steine in die Hand genommen und dabei mehr erfahren über Einzelheiten und Gründe für das Leben der Menschen und die Wege der Natur als in jedem Buch." Ihn interessiert nicht das Sensationelle, Außergewöhnliche, sondern das Alltägliche. Zum Abschied meint er: „Besteht unser Leben nicht hauptsächlich darin, dass wir uns für das Normale interessieren? Das ist auch gnädig so, sonst wären wir alles seelische Wracks."

Die Dinge, mit denen wir umgehen, zeichnen uns. Meine Vorlieben, Zuneigungen, Hingaben bilden sich zu einer Geschichte, über die ich sagen kann: Es ist meine Liebesgeschichte. Um den Boden für solche Liebesgeschichten zu bereiten, sollten die ersten Jahre dem Lernen über die Erde gewidmet sein, indem das Kind mit allen Sinnen in unmittelbare körperliche Berührung mit der Welt kommen darf. Kinder brauchen das Matschen, Wälzen, Werfen und Toben, um sich selbst und die Welt wahrnehmen zu lernen. Zwingt man sie zu früh, mit abstrakter Logik umzugehen, so verhindert dies tatsächlich das intelligente abstrakte Denken in den späteren Jahren. Ein aufgewecktes fünfjähriges Kind rief einmal aus: „Ich habe jetzt gemerkt, dass viele Steine aufeinander eine Mauer machen." Diese Entdeckung ist eine ebenso eigensinnige und ursprüngliche wie jede spätere wissenschaftliche Erkenntnis. Die kindliche Aufnahmefähigkeit wächst in dem Maß, in dem sie konkret gefordert wird. Nie wieder ist die Schulung der Sinne so wesentlich wie in den ersten Jahren. Die Neugier ist immens und das kindliche Gehirn ist noch plastisch, formbar und erfahrungsbereit. Es nimmt sämtliche Eindrücke auf, um sie als abrufbare Muster im Gedächtnis zu speichern. Kinder sollten ihre Sandburgen bauen, ihre Kaulquappen, Eicheln, Kastanien sammeln, auf Bäume klettern, Tannenzapfen und Steine zum Rollen bringen. Sind sie nicht wunderbare Angebote der Sinneslust, die zum Sehen, Fühlen, Hören und Begreifen auffordern? Kinder, denen diese Angebote geschenkt werden, die mit den Gaben der Natur vertraut gemacht werden, gelangen in eine enge Harmonie mit der Natur und ihren natürlichen, umfassenden Lehren.

Ich gehe mit Kindern einen Waldweg entlang, denn dort liegen viele Steine. Stumpf graue, speckig rötliche, blass bräunliche. Manche sind rund, andere oval; wohlgeformt oder unförmig, manche sind eckig mit messerscharfen Kanten, andere sind angenehm gerundet, gewölbt oder kugelförmig, andere wiederum sind raue oder marmorglatte Steine, zackig oder auch mit sanften Kuhlen. „Der sieht aus wie ein geplatzter Luftballon," „Der hat einen Bart", „Der sieht aus, als würde er lachen", „Der hat Stacheln", „Der hat einen Henkel", „Die zwei lieben sich", so kommentieren die Kinder die einzelnen Exemplare. Kleine Steinböen spritzen auf, wenn die Kinder in wildem Tempo über die rasselnden Steine rennen. Wir lauschen nach dem „Klick" und „Klack", wenn die Steine gegeneinander stoßen. Manche Steine klingen hell und glasklar, andere stumpf oder dumpf.

„Gibt es auch unter den Steinen Familien?", fragen sie. Im Handumdrehen liegen kleine Steingrüppchen nebeneinander – Familie „Rund", Familie „Kantig", Familie „Komisch", Familie „Grobklotzig", Familie „Hässlich". Die einzelnen „Familienglieder" ähneln sich zwar, aber dennoch ist jeder ein bisschen anders. „Ganz wie bei uns", meint ein vierjähriges Mädchen. „Und das bin ich", sagte sie und deutete auf einen besonders schönen kugelrunden, bräunlichen Stein mit blauen Punkten.

Ein anderer Junge berichtete, wie er aus Kieseln, Farben und Kleber kleine Kunstwerke angefertigt hat, die an seinen Zimmerwänden aufgehängt sind. Das macht neugierig. So entsteht die Idee, dass jedes der Kinder ein eigenes Kunstwerk herstellt. Wir einigen uns auf Kieselstein-Fische. Jeder sucht sich einen glatten, flachen Kieselstein. Nachdem er gereinigt ist, wird er mit einem Borstenpinsel mit weißer Plakafarbe grundiert. Sowie die Farbe trocken ist, werden mit einem Bleistift Fischmotive aufgetragen. Dann zieht man die Linien mit einem feinen Pinsel nach und malt die Flächen vorsichtig mit Farbe aus. Nach dem Trocknen überzieht man das Ganze mit Klarlack. Kieselsteinfische sehen nicht nur hübsch aus, sie sind auch eine anregende Dekoration für Kinderschreibtische, Badezimmer oder Spielecken.

Zwei weitere Anregungen für Denksportler, die wir als Kinder gern ausprobiert haben: Man braucht eine leere Dose und verschieden große Steine. Die Dose wird mit den Steinen gefüllt und kopfüber auf den Boden gestellt und vorsichtig abgehoben. Ein Mitspieler nach dem anderen nimmt nun ganz behutsam Steine von dem Steinhäufchen weg. Wenn die Steine rutschen, ist der Nächste dran. Sieger ist, wer die meisten Steine holt.

Eine andere Version: Zwei Spieler legen zehn Steine in einer Reihe dicht nebeneinander. Abwechselnd darf jeder einen Stein oder zwei nebeneinander liegende Steine wegnehmen. Wer entfernt den letzten Stein?

Eine Spielidee für verregnete Sonntage: Wie wäre es mit einem Stein-Puzzle? Man legt 25 Kieselsteine in fünf Reihen zu je fünf Steinen nebeneinander. Mit Wasserfarben malt man ein Muster auf die Steine. Wenn die Farbe getrocknet ist, kommen die Steine in einen Eimer. Die Spieler müssen nun das Puzzle wieder zusammensetzen.

*

Wie wäre es mit einem kleinen Steinkunstwerk? Einem Kieselstein-Fisch oder einem anderen Tier? Einer Kieselsteinblume oder einem Gesicht? Man braucht lediglich ein wenig Farbe, einen Pinsel und Klarlack.

Steinorakel

Wer sich mit seiner Intuition verbinden will, kann die Steine auch als Werkzeug benutzen, um mehr über sich selbst zu erfahren. Schon immer hatten Steine eine magische und auch vorhersagende Bedeutung und spielten eine wesentliche Rolle für die Deutung der Zukunft. Steine können genauso wirken wie alle anderen Orakel, sie bringen die unbewusste Bedeutung von Dingen ans Licht, ähnlich wie sich das in den Träumen der Menschen offenbart. Da Steine neutral sind, eignen sie sich besonders als Spiegel unserer inneren Wahrnehmungen oder Stimmen. Es sind natürlich nicht die Steine, die die Antworten geben. Sie dienen lediglich als Hilfsmittel zur Anregung und bewussten Ausrichtung unseres intuitiven Verständnisses der Fragen, die uns im Moment am Herzen liegen. Die einfachste Möglichkeit ist die Zwiesprache mit einem Stein. Man nimmt seinen Stein in die Hand, schließt die Augen und richtet seine Aufmerksamkeit auf eine momentan aktuelle Frage. Allein die Frage, die auftaucht, trägt häufig bereits die Antwort in sich. Es lohnt sich aber dennoch, auf Antworten zu warten und sich auf die innere Führung einzulassen. Da können Bilder, Symbole, Worte, Gefühle oder Ideen auftauchen. Wir haben es buchstäblich „in der Hand" und spüren es, wenn eine Antwort Resonanz in uns erweckt. Eine andere Möglichkeit, Steine zu lesen, ist das Steinwerfen. Man nimmt verschiedene Steine und gibt jedem einzelnen eine bestimmte Deutung, z. B. „Stein der Veränderung", „Stein des Schutzes", „Stein des Neubeginns", „Stein der Liebe", und wirft die verschiedenen Steine und schaut, welche Steine nahe beieinander liegen bleiben. Dann versucht man zu spüren, was diese Verbindungen in einem auslösen. Zeigen die Steine eine bestimmte Richtung der Energie an, oder gibt es ein Thema oder einen Konflikt, auf den man besonders achten sollte? Wichtig ist die Resonanz, die in einem ausgelöst wird.

Ich selbst benutze Steine eher spielerisch. Am liebsten staple ich einfach Steine übereinander und vertiefe mich in das Muster dieser kleinen Steinmauern. Manchmal gelingt es, sie ein bisschen höher aufzuschichten, ein anderes Mal fallen sie ziemlich schnell in sich zusammen. Jeder Versuch hat seine eigene Qualität und bildet ein eigenes Muster, so wie auch jeder Moment im Leben seine eigene Qualität besitzt. Wenn man den Moment mit Wachheit erlebt, nutzt man das Gesetz der Resonanz, das uns in allem, was wir tun, widerspiegelt, wo wir gerade stehen.

War es ein gutes Jahr? Wer diese Frage beantworten will, kann auf einen alten Brauch der Römer zurückgreifen. Jeden Tag

117

warfen sie einen Stein in ein dafür vorgesehenes Gefäß – einen weißen Stein, wenn es ein guter Tag war, einen dunklen Stein, wenn es ein schlechter Tag war. Am Ende des Jahres zählten sie die weißen und die dunklen Steine, verglichen ihre Anzahl, um festzustellen, ob es ein glückliches oder ein unglückliches Jahr war. Versuchen Sie es selbst. Vielleicht wird das Jahr allein schon dadurch besser, weil Sie es mit innerer und äußerer Aufmerksamkeit erleben.

*

Wenn Sie Fragen haben, erfinden Sie Ihre eigene Methode, Ihren Stein als Antwortgeber zu benutzen. Sie können den heutigen Tag mit der Frage beginnen, was ist heute wichtig? Spüren Sie, was Ihr Stein sagen will?

Steinreich

Die Beziehung zum Geld ist für viele Menschen die komplizierteste oder zumindest die, die ihr Leben am meisten kontrolliert. Ambivalent ist die Beziehung zum Geld bei den meisten, man möchte es, aber man möchte nicht so erscheinen, als ob man es wollte, man fürchtet es und begehrt es aber gleichzeitig. Die Sehnsucht, steinreich zu werden, hat schon manchen die Freiheit, die Gesundheit, Lebenslust und Verstand gekostet.

Die Bewohner der Insel Jap (sie gehört zu den Karolinen) benutzten noch im 19. Jahrhundert Geld in Form von gehauenen Steinen.* Diese Steine hatten einen Durchmesser von dreißig Zentimetern bis zu vier Metern. Man bohrte ein Loch in die Mitte, durch das eine Stange gesteckt wurde, wenn man das

---

* Aus: Crawford, T., Das geheime Leben des Geldes. Mythen, Symbolik, Rituale. Was der Umgang mit Geld über uns verrät. Zürich 2000, S. 15 f (amerikan.: The Secret Life of Money. New York 1994)

Geld bewegen wollte. Diese Geldsteine, genannt *fei*, wurden auf einer Insel gebrochen, die über sechshundert Kilometer südlich von Jap lag. Je nach Qualität und Größe wurde ihr Wert bestimmt. Da sie so groß waren, dass man sie nur mühsam bewegen konnte, entschied man, dass der Besitz am *fei* weitergegeben wurde, ohne dass der Stein seinen Ort wechseln musste. Man bestätigte lediglich mündlich, wem der Stein jetzt gehörte. Es spielte keine Rolle, wo der Stein lag, da ohnehin jeder seinen Wert und seinen Besitzer anerkannte.

Geld nimmt also nicht nur verschiedene Formen an, sondern man muss auch an seinen Wert glauben. Wir haben uns so daran gewöhnt, dass Geld die Substanz ist, mit der wir unser Leben bestreiten, dass wir vergessen haben, dass Geld eigentlich nur eine gemeinsame Übereinkunft ist. Mit Geld lassen sich weder Schneestürme, Lawinen, Vulkane verhindern noch Depressionen lindern, man kann weder Glück noch Liebe kaufen. Nur wenn wir den symbolischen Wert des Geldes ins Auge fassen, verstehen wir vielleicht etwas mehr davon, weshalb das Geld unser Herz und unsere Gemüter bewegt.

Jemand gibt etwas von seiner Energie, Zeit oder von seinem Besitz her und erhält dafür Geld. Nehmen wir den Fall, jemand findet einen kostbaren Stein, der so wertvoll ist, dass man, wenn man ihn verkaufen würde, jahrelang nicht mehr arbeiten müsste. Aber man kann sich nicht trennen von diesem edlen Stück, weil man es ins Herz geschlossen hat. Man ist also bereit, lieber zu arbeiten, als sich von diesem lebendigen Stein zu trennen, weil man begriffen hat, dass der Stein kostbarer ist, als es Geld je sein könnte. Man könnte natürlich den Stein verkaufen und das erhaltene Geld ausgeben oder sparen. Aber letztlich ist das Geld nicht greifbar, es ist einfach weg. Der Stein war da und lebt im Gedächtnis weiter, aber das Geld hinterlässt kaum Spuren. Es ist merkwürdig blass im Verhältnis zu einem lebendigen Stein.

Wer steinreich werden will, braucht Verbindung zu den Steinen und zu den Elementen. Reich wie ein Stein werden könnte dann heißen, im Einklang zu sein mit der Natur, mit den vier

Elementen, fest zu sein wie ein Stein, fließen wie das Wasser, sich lösen wie der Wind und schöpferisch brennen wie das Feuer. Das Leben der Steine lehrt uns: Was genommen wurde, muss wieder gegeben werden, was gesät wurde, muss geerntet werden, was geerntet wurde, muss wieder gesät werden, was gebunden wurde, muss wieder gelöst werden, was in Fluss kommt, fließt sowohl von uns weg als auch zu uns hin. Nichts lässt sich festhalten, alles muss in Bewegung bleiben. Leere füllt sich und leert sich wieder. Der Geldbeutel ist voll und leer. Die Dynamik ist vergleichbar der einer Welle und nicht eines erreichten Gipfelzustandes. In der Leichtigkeit des wechselseitigen Gebens und Nehmens, im tänzerischen Einnehmen und Ausgeben liegt die Kraft des Reichtums.

Die Beziehung zwischen äußerem Reichtum und innerem Reichtum der Seele ist nicht immer leicht zu lösen. Eine Fabel aus der Sammlung von Äsop macht dies anschaulich: Dort wird von einem Müller erzählt, der alles verkaufte und in Gold einlöste. Dieses Gold vergrub er auf seinem Acker. Ein Dieb beobachtete ihn dabei, wie er seinen Goldbarren jeden Morgen ausgrub. Eines Tages war der Goldbarren verschwunden. Der Müller jammerte schrecklich. Als der Nachbar davon erfuhr, riet er ihm, stattdessen einen Stein an Stelle des Goldbarrens zu vergraben. Er solle nur glauben, der Stein sei sein Schatz. Denn schließlich habe er das Gold nie benutzt, also würde er es auch nicht vermissen.

Wenn wir die Illusionen rund um das Geld aufgeben, entdecken wir etwas von den wahren Werten des Lebens. Wir können in der Tat steinreich werden, wenn wir unseren eigenen Reichtum finden. Denn Reichtum finden wir nicht nur in unseren Geldbeuteln, sondern vor allem in unserem Denken, in unserer Schöpferkraft, unserer Liebe und in dem, was wir miteinander teilen. Geld ist nur ein Werkzeug. Wenn wir es fließen lassen, wird uns bewusst, dass unser Mitgefühl, unsere Loyalität und Kreativität ebenfalls fließen können. Reichtum gibt es auf vielen Ebenen. Vom Stein können wir lernen, dass unsere Seele ewig ist. Auch der Weg nach innen führt zu Reichtum. Wenn wir unseren inneren Reichtum nicht ehren, dann verlieren wir, wie der Müller in der Fabel, unseren Schatz. Wenn wir dem Rat des klugen Nachbarn folgen, nehmen wir uns einen Stein, legen ihn an eine Stelle, wo wir ihn immer sehen können. So erinnert er uns daran, was wir wirklich sind.

*

Gibt es Erinnerungen, Situationen in Ihrem Alltag, die Ihnen das Gefühl geben, dass Sie reich sind?

Stein der Weisen

■ ■ ■

In der Alchemie ist der Stein der Weisen das erstrebte Endprodukt langwieriger Wandlungsprozesse, materiell interpretiert als Substanz, die aus Blei oder Quecksilber Gold macht oder auch in ein Allheilmittel umgewandelt werden kann, das den Menschen unsterblich machen sollte.

In unserer Zeit hat das Silizium Qualitäten, das es in die Nähe solcher Hoffnungen rücken lässt. Es ist das Ausgangsmaterial der Chip-Herstellung. Ohne Silizium keine Informationsgesellschaft, keine Handys in der Hosentasche, keine Computer, keine Roboter, keine Satelliten im Weltraum. Die Tempel moderner Steinanbetung – man denke an die Landschaft Silicon Valley, der dieser Stein den Namen gab – sind sterile Reinräume, in denen vermummte Techniker Solarzellen und Computerchips entwickeln. Ob die Alchemisten in ihnen würdige Nachfolger gefunden haben, ist schwer zu beantworten, aber was zumindest weiterlebt in diesen Laboratorien ist die uralte Sehnsucht nach Wissen, Erkenntnis und Reichtum.

Die Naturwissenschaft befasst sich mit Analysen und Fragen, die Alchemie mit Geheimnissen. Beides ist wertvoll und notwendig. Das erstere ist dem analytischen Denken verpflichtet, während das andere das komplexe Denken gegenüberstellt. In früheren Zeiten war beides noch verbunden: Isaac Newton, der als Entdecker der Schwerkraft gilt, hat eifrig alchemistische Literatur studiert.

Im Stein des Weisen zeigt sich symbolisch die Frage nach dem, was die Welt in Inneren zusammenhält, wie Goethe seinen Faust sagen lässt. Es ist das Streben nach tieferer Erkenntnis. Nicht das Materielle – etwa das Gold, nach dem die Alchemisten suchten – steht im Vordergrund, sondern die Sehnsucht nach dem Göttlichen.

In der Suche nach dem Stein des Weisen eröffnet sich so ein Weg zu Wissen und Weisheit. Er ist ein Symbol für Erkenntnis, Harmonie, innere Ruhe und Einklang der Seele.

Steinmeditation

Was bedeutet der Stein der Weisen für mein Leben? Gönnen Sie sich die Freiheit zu wählen, welcher Ort und welche Tageszeit für Sie am besten geeignet ist und entspannen Sie sich, um mit sich selbst und Ihren inneren Stimmen in Kontakt zu kommen. Ich schlage eine Meditation vor, die ich in einer Anregung Thich Nhat Hanhs verdanke und entsprechend abgewandelt habe.

Suchen Sie sich zehn Steine, die Sie besonders mögen. Legen Sie sie neben sich auf Ihre rechte Seite. Konzentrieren Sie sich auf Ihren Atem und atmen Sie ganz ruhig und bewusst mehrmals ein und aus, um sich zu entspannen. Während Sie einatmen, nehmen Sie ganz achtsam einen der Steine, halten ihn in der rechten Hand, und während Sie ausatmen, geben Sie den Stein ganz langsam in die linke Hand und legen ihn auf die linke Seite neben sich. Beim nächsten Einatmen nehmen Sie den nächsten Stein mit der rechten Hand und wiederholen den Vorgang mit der linken Hand, bis sie alle Steine von der rechten zur linken Seite weitergereicht haben. Wenn Sie es geschafft haben, mit wacher Konzentration alle zehn Steine auf die linke Seite gelegt zu haben, ist Ihnen ein kleines Wunder an Vertrauen und Achtsamkeit gelungen. Wollen Sie weiter machen? Dann setzen Sie die Übung fort, indem Sie bei jedem Atemzug einen Stein von der linken Seite zur rechten Seite befördern. Nehmen – halten – weiterreichen – hinlegen. Wenn es schwer fällt, sich auf die Bewegungen des Atems und das Weiterreichen der Steine zu konzentrieren, kann man diesen Vorgang auch durch Worte unterstützen, wie z. B. „Einatmen – empfangen – ausatmen – loslassen".

Während dieser Meditation können Sie spüren, wie alles Nervöse, Ängstliche, Ablenkende von Ihnen abfällt. Sie werden Ihre Mitte spüren und mit der Zeit ein Gefühl entwickeln, als wären es nicht mehr Sie, die den Stein weiter bewegt, sondern dass der Stein Sie bewegt.

Vermächtnis der Steine

Steine sind sich selbst gleich, natürlich, fest, klar und ausgewogen. Sie sind echt und voller Würde – als Geschöpfe der Natur vollkommen. Wann immer man mit ihnen in Berührung tritt, empfängt man ihre wohltuende Kühle. Ein besonders schönes Beispiel dafür ist der Jadestein, der seit den Anfängen der Menschheitsgeschichte zu den begehrtesten Naturschätzen der Erde gehört. Wenn man ihn gegen das Licht hält, erkennt man in seinem Innern wolkige Wirbel, cremefarben und grün. Je öfter man Jadeschmuck trägt, desto schöner wird er. Er nimmt nämlich Körperfette auf, und das verleiht ihm zusätzlichen Glanz. Die Chinesen sagen, dass ein Stein etwas von der Seele des Besitzers in sich aufnimmt.

Wir hinterlassen Spuren in den Steinen und sie hinterlassen Spuren in unserem Leben – keine großartigen, eindrucksvollen, imponierenden. Aber es sind die kleinen Spuren, die uns verändern, die täglichen kleinen Erfahrungen, die uns unsere Patina verleihen. Der Stein in der Hand, am Herz oder in der Seele gibt eine Ahnung vom steinernen Sinn, von der Kraft allen Seins.

Jeder von uns hinterlässt eine Spur, ein Vermächtnis in dieser Welt. Wenn wir dieses Bewusstsein einbeziehen könnten, dann würden wir vielleicht öfter fragen: Wie möchte ich in Erinnerung bleiben? Wie soll meine Lebensspur aussehen? Wie möchte ich meinen Tag leben? Was möchte ich hinterlassen für die, die nach mir kommen? Vielleicht würde es bei konkreten Alltagsfragen leichter fallen, zu entscheiden: Ist das wirklich der Sinn meines Lebens, dass ich meiner Karriere derart viel opfere? Wäre es nicht wichtiger, mit meinen Kindern in den Urlaub zu fahren? Oder ein Wochenende mit meinem liebsten Menschen zu verbringen? Es ist für mich immer bewegend, alte Friedhöfe zu besuchen. Sie erinnern daran, dass früher oder später auch unser Name in Stein gemeißelt sein wird. Das Wissen um unsere begrenzte Zeit ist ein Teil unseres Lebens, und es verändert unser Leben, weil es uns zwingt, nach dem zu fragen, was für uns wesentlich ist.

Alles ist unauslöschliche Spur unserer Lebensgeschichte, aber zugleich auch Quelle, aus der erstaunliche neue Kräfte und Perspektiven fließen können. Gerade wo die Last der Wirklichkeit am schwersten wird, wenn wir besiegt werden, fallen, stolpern oder untergehen, werden uns die Schleier unserer Vorurteile, Erwartungen, Illusionen weggezogen, und eine andere, stärkende, lebendige Wirklichkeit erblüht vor unseren Augen. Verbirgt sich nicht darin das Geheimnis der Steine, dass sie alles zugleich umfassen – die Festigkeit und die Brüchigkeit, das Helle und das Dunkle, die Ordnung und das Chaos, die Geburt und den Tod? Die Unermesslichkeit dieser Vielfalt, alles hat seinen Platz in einem einzigen Stein. Das Leben, das sich in ihm rundet, das die Teile und Bruchstücke miteinander verbindet und aus ihnen eine Einheit macht, das ist auch unser Leben.

Festigkeit bedeutet dann, jene Herzenskraft zu entwickeln, die uns aus der Welt des Habens in die Welt des Seins erhebt. Man findet sich nur, wenn man sich einsetzt und aussetzt. Festigkeit als Standortbewusstsein bedeutet die Anerkennung von Grenzen. Sie ist aber auch die Möglichkeit zur Größe gerade in der Beschränkung. Als Standort und gleichsam als Ausdruck der Beziehungsfähigkeit zu Welt und Mitmensch vermittelt sie ein Wurzelgefühl. Im Gegenteil, Festigkeit gewinnt der, der auch bereit ist, sich vor dem Unergründbaren zu verbeugen, der die

Grenzen seiner Eigenmächtigkeit durchschaut und der offene Augen und Ohren für diejenigen hat, die seine Festigkeit, seinen Einsatz und seine Fürsorge am meisten gebrauchen können. Wer wahrhaft fest ist, der weiß um seinen Eigenwert und hat es nicht nötig, diesen von anderen ständig bestätigen zu lassen. Voraussetzung für echte Festigkeit ist Selbsterkenntnis und echte Selbsteinschätzung.

Die Festigkeit eines Menschen hängt auch damit zusammen, wie er seine Erfahrungen wahrt und seine Erinnerungen hütet. Das gilt auch für die Treue zu sich selbst und zu anderen. Was immer wir an Bindungen eingehen, an Werken schaffen oder aus Erde und Stein bauen, sämtliche Formen, die wir modellieren und uns zu eigen machen, tragen Spuren von uns und unserer Liebe zu den Menschen und den Dingen. Diese Liebe wird uns begleiten. Ihr treu zu bleiben, gilt selbst für die Treulosen unter uns. Unseren Konturen, die die Liebe in uns eingeschliffen hat, können wir nicht entrinnen. Sinnvoller wäre es, ihre Macht anzuerkennen, an ihrer Geschichte zu arbeiten und dabei zu erfahren, wer wir sind. Ein wichtiges Werkzeug dabei ist die Dankbarkeit. Sie öffnet uns für die Fülle unseres Lebens. Sie wendet das, was wir haben, in ein „Genug". Sie verwandelt Abwehr in Akzeptanz, Chaos in Ordnung, Verwirrung in Klarheit. Dankbarkeit kann ein einfaches Mahl in ein Festessen verwandeln, einen Gegner in einen Freund, einen Tag in ein Geschenk. Wenn Sie sich von Ihrem Stein jetzt verabschieden, tun Sie es mit einem „Danke".

Literatur

Bockemühl, C., (Hg.), Erdentwicklung aktuell erfahren. Geologie und Anthroposophie im Gespräch. Stuttgart 1999

Brooks, C. V. W., Erleben durch die Sinne. Paderborn 1979

Crawford, T., Das geheime Leben des Geldes. Mythen, Symbolik, Rituale. Was der Umgang mit Geld über uns verrät. Zürich 2000 (amerikan.: The Secret Life of Money. New York 1994)

Francia, L., Steinreich. München 1998

Goldsworthy, A., Mauer. Cumbria 1997

Goldsworthy, A., Stein. Moffat 1994

Gries, G. W., Burkhart, A., Crone, M., Schwarz, J., Die letzten Fragen lass den Steinen. Eschbach 1990

Imhof, B., Mut zum Leben. Psychologische Lebenshilfe. Solothurn 1998

Klemm, S., Wenn Steine reden ... Botschaften aus einer stillen Welt. Freiburg 1998

Lachapelle, D., Weisheit der Erde. Das Grundwerk der Tiefenökologie. Saarbrücken 1995

Lévinas, E., Die Spur des Anderen. Freiburg 1983, 1992

Raphaell, K., Heilen mit Kristallen. Die therapeutische Anwendung von Kristallen und Edelsteinen. München 1988

Spring, A., Glas, M., Stein – verborgenes Leben. München 2001

Wanless, J., Little Stone. Your Friend for Life. Boston 1999

Werner, H., Die Magie der Zauberpflanzen, Edelsteine, Duftstoffe und Farben. Frechen 1991